비단옷 입고 밤길 걸었네

# 비단옷 입고 밤길 걸었네

대전 통일 운동 구술 기반 기록                    권순지

# 작가의 말

2018년 12월, 대전 시청 2층 로비에서는 평양을 주제로 한 남·북·해외 공동사진전이 열렸다. 평양 사람들의 일상을 담은 사진전은 남과 북의 생활 세계가 다르지 않고 또 멀지 않다는 의미에서 통일의 메시지를 전하는 전시였다. 당시 여러 프로젝트가 끝나고 한숨 돌리고 있던 나는 전시 지킴이 모집 소식을 듣고 지원하여 약 2주간 전시장을 지켰다. 쉬는 동안의 생계를 위한 목적으로 지원한 전시 지킴이 일은 어렵지 않았다. 정해진 시간에 자리에 앉아 전시장을 찾는 이들에게 필요한 설명을 간간이 해주거나, 홍보용 리플릿이 부족하지 않을 정도로 안내 탁자에 비치해두는 일. 혹은 작품에 훼손이 가해지지 않았는지 점검하는 일 등이었다. 전시장은 미리 전시 소식을 알고 일부러 시간을 내어 공간을 찾은 이들에 의해, 민원실 근처에 있던 터라 일상적으로 그곳을 오가는 이들의 순간 호기심에 의해, 시청 공무원의 점심시간 활용 목적에 의해 때때로 북적였다.

  고향으로 돌아가고 싶다는 글을 홀연히 남기고 떠난, 허리가 구부정한 할머니를 본 그날은 전시 일정이 막바지로 흐르던 무렵이었다. 그날 이후, 자칫하면 금방 지워질 것처럼 종이에 힘없이 쓰인 글씨를 전시가 완전히 끝나던 날까지 수없이 읽었다. 일부러 전시를 찾았다고 말하며 쓸쓸히 웃었던 그 사람. 오랜 분단 현실 속에서 여전히 고통받는 사람이 있다는 사실을 자각하게 한, 그날 어느 노인의 짧은 글이 내게 준 의미는 복잡하고도 강렬했다.

삶의 막바지에 이르기까지 분단 역사의 고통에 붙잡혀 있던 노인의 존재는 전시가 종료된 이후에도 종종 내게로 뚜벅뚜벅 걸어왔다. 여태 어느 곳에도 누구에게도 말하지 못하고 써보지 못한 것처럼 느껴졌던, 머리가 하얗게 센 노인이 토로하듯 남기고 간 전시장의 그 짧은 글이 자꾸만 내게 말을 걸었다. 그것은 글을 쓰는 사람의 책임 같은 것을 느끼게 하는 말이었다. 또한 그것은 비정하게 휘몰아쳤던 폭풍의 역사 속에서 내가 의식하지 못하는 또 '다른' 세계의 삶을 살았을 존재들을 찾고 싶게 하는 말이었다.

(

전시가 있던 이듬해 2019년, 청년 일자리 사업의 일환으로 대전의 통일 운동 단체에서 공익활동가로 일할 기회가 주어졌다. 계약된 9개월의 활동 기간은 짧았으나 그사이 해보고 싶은 일을 시도했다. 대전 지역 통일 운동사(1970년대~2000년대 초)의 주요 흐름에 놓여 있는 15명의 인물을 만난 것은 그러한 시도의 첫 단추를 끼우는 일이었다. 2019년의 나는 공익활동가이면서 작가로 운동가들을 만났다. 그리고 2020년엔 내가 만난 그들의 삶을 글로 썼다.

기록과 기억을 오가며 완성한 이 책은 독재와 분단 역사 위에, 그 안에서 주체적 행위자로 살아온 대전 지역 통일운동가 15명의 삶을 교차한다는 데 의미가 있다. 15명의 운동가는 그들 활동의 범위와 내용과 깊이에 있어서 전부 다르지만, 각자가 처한 고통 속에서도 어둠과 같은 시대를 외면하지 않고 분투해왔다는 점에서는 공통점이 존재하는 사람들이다. 그들의 귀한 발화가 없었더라면 이 책은 완성되지 못했을 것이다.

&lt;비단옷 입고 밤길 걸었네&gt;라는 이 책의 제목은, '누구도 알아주지 않는 길 위에서 분투해온 통일운동가들이 세상에 드러나길 원한다.'는 취지에서 옛말을 차용한 것이다. 작중 홍성순에게서도 언급된 이 말은, 시대가 끊임없이 고통 주고 배제했지만 그럼에도 불구하고 통일을 향해 걸어온 운동가들의 삶을 고스란히 담고 있다.

이 글을 쓰기 시작한 처음부터 끝까지 나는 15명의 운동가와 내내 살았다. 그들이 갈 수 밖에 없었던 길 위의 고통을 온몸으로 느끼는 작업을 진행하는 동안 그들 삶을 감당하기 어려워 종종 좌절했다. 자주 숨이 찼고 목이 말랐다. 그런 이유로 더 오래 붙들고 있었던 그들을 이제 놓는다. 그들과 사는 동안 고단했고 아팠던 마음을 조금은 기쁘게 돌아본다. 이 글이 그들에게, 또 그들과 마찬가지로 분단 역사의 고통 속에서 신음했을 더 많은 존재들에게 조금이나마 위로가 될 수 있길 바란다.

# 목차

| | | |
|---|---|---|
| 1장 | 비단옷 입고 밤길 걸었네<br>홍성순 | 13 |
| 2장 | 불행하지 않아야 할 이들을 위하여<br>김용우 | 29 |
| 3장 | 멀어지지 않은 약속<br>김선건 | 41 |
| 4장 | 끝나지 않은 준비<br>최교진 | 49 |
| 5장 | 어느 누구라도 원하지 않을 길 위에서<br>김창근 | 59 |
| 6장 | 가장 아픈 책임<br>김병국 | 69 |
| 7장 | 그의 기도<br>박규용 | 81 |

| 8장 | 놓치지 않을 깃발 | |
|---|---|---|
| | 이성휘 | 91 |

| 9장 | 당신의 불안 | |
|---|---|---|
| | 이영복 | 99 |

| 10장 | 양키 고 홈 | |
|---|---|---|
| | 유병규 | 109 |

| 11장 | 어떤 착각으로부터 | |
|---|---|---|
| | 심규상 | 117 |

| 12장 | 이겨야 하는 싸움 | |
|---|---|---|
| | 한만승 | 137 |

| 13장 | 선생님들 | |
|---|---|---|
| | 임나리 | 145 |

| 14장 | 물이 100℃에서는 갑자기 끓듯이 | |
|---|---|---|
| | 김율현 | 157 |

| 15장 | 무책임하지 않을 미래 | |
|---|---|---|
| | 오완근 | 167 |

제 1장

# 비단옷 입고 밤길 걸었네

면회 가면 하는 일이 난로부터 걷어차는 일이었어요.
난로 피우라고, 애들 얼어 죽겠다고, 왜 우리 세금 받아쓰면서
난로도 안 피워 주냐고 난리를 쳤어요. 가는 데마다 그렇게
분풀이를 한 거야. 그럼 맺힌 게 좀 풀리는 거야.
처음에 그렇게 시작했어요.

홍성순 | 1937 -

식탁 위, 그의 자리 앞엔 고기 굽는 프라이팬이 가스버너 위에서 달궈지고 있었다. 마주 앉은 내 앞의 밥과 국은 따뜻했고 식탁의 중심부를 차지한 가짓수 많은 반찬이 소담했다. 손에 쥔 젓가락이 어디로 향해야 할지 난감할 정도로 후한 밥상이었다.

  젓가락을 들고 망설이는 사이 긴장이 풀어졌다. 조금 편안해진 이유에서였을까. 식탁 위로만 향해있던 내 시선은 공간 이곳저곳으로 움직였다. 순간, 마치 그 집의 중심에 식탁이 자리 잡은 것처럼, 덩달아 식탁을 둘러싸고 있는 나 역시 공간의 한가운데 앉아있는 것과 같은 물리적 착각이 일어났다. 그것은 그가 준비한 밥상의 온기가 나를 비롯한 공간 전체를 장악하고 있다는 것을 느끼는 과정에서 벌어진 오류였다. 기분 좋은 오류. 더할 나위 없는 환대였다.

  그는 자신의 이야기가 도움이 될지 모르겠다며 운을 뗐다. 필요한 일을 해주어서, 자신을 찾아주어서 고맙다고도 했다. 좋은 일도 슬픈 일도 대부분 잊지 않았지만, 막상 말하려 하니 어떤 말을 해야 할지 모르는 심정이라며 조금 웃었다.

  숨이 차도록 가파르고 고달팠던 세상살이. 그것을 음미할 새 없이 흘러가 버린 시간. 그땐 그랬지, 라는 말로 간단히 끝내 버리고 나면 못내 서운할 이야기들. 후회하지 않을 만큼 잘 살았다고, 잘했다고. 그렇게 혼자 자신을 칭찬하며 버텨왔다는 그에게 나는 어떤 질문도 쉽게 할 수가 없었다. 지나간 그의 시간을 내가 쓰는 글로 얼마만큼 담아낼 수 있을지 두려운 마음도 들었다.

비단옷 입고 밤길 걸었네

⊂

새벽기도를 하다 잠든 사이, 큰딸 현주의 머리 위로 물이 쏟아지는 꿈을 꾼 그가 퍼뜩 눈을 떴을 땐 곁에 아무도 없었다. 홍성순은 잠이 덜 깬 상태에서도 딸에게 무슨 일이 생겼음을 직감했다. 그러다 곧 딸이 있는 서울까지 당장 달려갈 수 없는 자신의 현실을 자각하곤 한숨을 내쉬었다. 그가 운영하는 식당은 근처에 자리한 교육청 공무원들의 점심 식사를 고정으로 맡고 있었고, 그 일을 대체할 인력이 없는 형편이었다. 어찌할 도리 없이 그날 점심, 여느 때처럼 밥을 해서 머리에 이고 교육청으로 날랐다. 약속된 일을 모두 마치고 나서야 부랴부랴 딸의 집으로 향했다.

     교대를 졸업하고 서울의 한 초등학교 교사로 임용된 딸은 그즈음 어디라도 떠나고 싶은 마음을 엄마인 그에게 털어놨었다. 무슨 연유인지는 몰라도 가슴에 무거운 어떤가가 내려앉은 것 같이 굴던 딸이 내심 걱정이었던 그는 딸에게 무엇이라도 해주고 싶었다. 부족한 형편에 궁여지책으로 철도회사에서 일하는 남편을 둔 친구에게 가족 철도 카드라도 빌릴 작정이었다. 완행열차를 타고 전국을 돌고 싶다고, 그래야 풀릴 것 같다고 말했던 딸의 가슴에 맺힌 것들을 풀어주고 싶었다.

     수유동의 작은 방 한 칸. 굳게 닫혀 있는 문 앞엔 신문이 쌓여 있었다. 얼핏 보아도 여러 날 동안 주인이 집을 비웠다는 것을 알 수 있는 광경이었다. 그는 그저 서 있기만 해도 후들대는 몸을 간신히 이끌어 문을 열었다. 주인 없는 방에 들어앉아 딸의 직장인 학교에 전화를 걸었다. 공허한 대답만 돌아왔다. 누군가의 모른다는 대답이 가슴에 사무치기는 처음이었다. 말없이 혼자 여행이라도 떠난 걸까, 월급도 받는 족족 집으로 보냈었는데, 여행을 가고 싶어도 돈 없이 떠날 수는 없었을 텐데. 생각이 이어질수록 입맛이 썼다. 딸이 사라진 1987년 1월 6일. 대전 집으로 돌아가는 그에게 드리운 수심의 그림자가 한밤중의 어둠을 그대로 가져다 놓은 듯 새까맸다.

☾

"며칠이나 흘렀을까. 신문에 대문짝만하게 나왔어요. 국가보안법으로 구속됐다고. 우리 딸 이름이 신문에 나왔더라고. 사람들이 그래. 우리 딸이 빨갱이 심부름하다 들어갔다고. 놀라서 몸뻬 차림에 스웨터 하나 걸치고 신발도 제대로 못 신고 서울에 갔어요. 남영동 담 밑에 서 있다가 기회를 봐서 살살 들어갔어요. 가서 붙들고 우리 현주 여기 있죠? 그랬어요. 그런데 그렇게 또 친절해. 살살거리면서 사람을 달래. 나한테 현주가 여기 있다고, 잘 있다고 걱정하지 말라고 그래. 몸이 약한 애라 다려놓은 약을 먹어야 하는데 이런 데서 약도 못 먹고 있으면 우리 애 죽는다고 하니까 걱정하지 말고 약을 가져오래. 옷도 춥게 입었을 거라고 걱정했더니 옷도 가져오래. 딸내미 발령받았다고 좋으셨을 텐데 어머니가 얼마나 마음이 아프시냐고 그래. 자기들이 잘 데리고 있으니까 걱정하지 말라고 그래. 그런 얘기를 들으니까 또 마음이 놓이는 거예요. 그때 내가 참 바보같이 순진했지. 우리 딸 잘 있겠구나, 걱정도 안 하고 나왔어요. 바로 수유동으로 가서 옷 보따리 챙기고 약도 챙겼어요. 그 이튿날 다시 남영동 담 밑에 가서 서 있었어요."

홍성순의 딸 현주가 구속되었던 당시 1987년 1월은 같은 해 6월항쟁의 도화선이 된 서울대 학생 박종철 열사의 죽음이 있던 시기이기도 했다. 불법 연행되어 물고문 끝에 숨을 거둔 박종철 열사와 마찬가지의 죄목으로 수배 중이던 한 친구에게 신분증을 빌려주었다가 공범으로 구속된 딸 현주.

그 겨울, 딸의 안위를 확인하기 위해 몇 번이고 찾아간 남영동 대공분실 앞에서 그는 스산한 마음을 가눌 길이 없었다. 자신의 딸과 또 그 친구들이 결박되어 있던 남영동의 실체는 당시 그에겐 견딜 수 없을 만큼의 답답함이었다. 또 고문관들의 계략에 의해 순진하게 희롱당한 기억 때문에 지울 수 없는 상처이기도 했다. 자신이 그곳을 알 수 없고 볼 수 없어 어찌할 겨를 없이 발만 동동거리고 있을 시기, 보이지 않는 곳에서 강제 고문을 당했을 딸을 생각하면 홍성순은 지금도 가슴에서 천불이 난다.

"다음 날 면회하려고 했더니 종일 있어도 어림도 없어요. 경찰인지 군인인지 건물 앞에서 보초를 서고 있더라고. 그냥 지나칠 수가 없어서 그 사람들 옆에 가서 너희가 무슨 죄가 있겠냐, 발은 얼마나 시리겠냐, 하면서 슬리퍼 신고 있는 여자가 군화 신고 있는 애들 걱정을 했어요. 안에 들어가 보지도 못하고 거기서 그러고 있었어요. 그러다 어두워진 거야. 더는 있을 수가 없었어요. 보따리는 적기나 해. 내 꼴도 몸뻬에 슬리퍼 차림에… 그때 사진 한 장 찍어놨으면 참 가관이었을 거예요. 피난민 같았을걸. 나중에 얘기 들어보니까 그놈들이 그랬다더라고. 너 같은 애 하나 죽이는 건 일도 아니라고, 냉장고 같은 데 넣어 놓고 스위치 하나만 누르면 네 몸은 전부 소멸한다, 바다에다 띄울 수도 있다, 그렇게 위협을 했다고 해요. 그런 말을 들으면서 고문을 당했으니 얼마나 무서웠겠어요."

누군가에게 하소연이라도 해야 살아질 것 같은 날들이었다. 그는 어떠한 위로의 말이라도 절실했다. 서울에 사는 친척에게 전화를 걸어 사정을 이야기했더니 날벼락 같은 말이 비수가 되어 그의 가슴에 들어박혔다. "육촌까지도 닿는다는데."라는 단 한 마디. 한 손으론 전화를 붙들고 다른 한 손으론 눈물을 지워냈다. 딸의 생사도 확인할 수 없는 마당에 들을만한 말이 아니었다.

현재는 헌법에 따라 금지 규정을 시행하고 있지만, 홍성순의 딸이 구속되었던 당시의 연좌제는 당사자 개인을 넘어선 가족 또는 친족까지, 무서우리만치 혹독하게 그들 삶에 관여했다.

"수유동 딸 자취방에 드러누워 있는데 기가 막히는 거야.

안 되겠어서 다음날 남영동에 또 갔어요. 어제는 바빠서 면회를 안 시켜줬어도 오늘은 시켜주겠지, 그렇게 생각하면서 또 갔어요. 그런데 시켜주기는 뭘 시켜줘. 그렇게 며칠을 왔다 갔다만 하다가 딸 얼굴 한 번을 못 보고 대전으로 내려왔어요. 그러다 딸이 교도소 넘어가기 전에 남대문 경찰서에 있다는 이야기를 들었어요. 갔더니 둥그런 유치장이 있었고 우리 딸은 2층에 있더라고. 내가 우리 딸 보기 전까지 송장으로는 가려나 몰라도 눈 뜨고는 못 간다고, 죽는다고 2층에서 밑으로 확 굴러버렸어요. 그러곤 정신을 잃었어요. 나중에 정신 나서 보니까 내가 수사과에 있더라고요. 다시 정신 차리고 우리 딸 면회시켜달라고 했더니 나한테 그래. 저 따위로 생겨 먹었으니 그런 새끼를 낳았지, 이런 말을 하네. 약이 올라서 멱살을 잡았어. 너 같은 놈 열하고 우리 딸 하나하고 안 바뀌, 우리 딸이 얼마나 훌륭한 딸인데 네까짓 놈 입에 우리 딸을 오르내려? 그러면서 벌떡 일어나니까 앉아있던 의자가 나가떨어졌어요. 얼마나 요란스러워. 수사과를 뒤집어놨어. 그렇게 하고 나서 또 까무러쳤어요. 그리고 다시 정신을 차리니 그 사람들이 나중엔 나한테 사정을 하더라고. 당신 딸이 지금 경찰서 여기저기 다니면서 조사를 받고 있으니까 보고 싶으면 문 앞에 앉아 있으래요. 오다가다 얼굴은 볼 수 있다고. 그러다 결국 어두워지고 너무 늦어서 그냥 집에 왔던 것 같아요."

"딸내미가 교도소로 넘어가고 면회를 하러 가니까 어떻

게 하라고 가르쳐주는 사람들을 많이 만나게 됐어요. 그때부턴 내가 더 용기가 난 거예요. 딸이 서대문 교도소에 있었는데 미결수는 날마다 면회를 할 수 있었거든요. 겨울이었잖아요. 면회 가면 하는 일이 난로부터 걷어차는 일이었어요. 난로 피우라고, 애들 얼어 죽겠다고, 왜 우리 세금 받아쓰면서 난로도 안 피워 주냐고 난리를 쳤어요. 가는 데마다 그렇게 분풀이를 한 거야. 그럼 맺힌 게 좀 풀리는 거야. 처음에 그렇게 시작했어요."

☾

그것은 한 개인의 문제가 아니었다. 홍성순의 '그렇게 시작했다'라는 처음. 그것은 군사독재 정권하에서 구금되고 스러져간 많은 이들을 보듬고 구하는 일이었다. 홍성순은 자신의 딸이 겪은 시대의 고통이, 이루 말할 수 없는 수많은 사람의 아픔과 동일선상에 놓여 있다는 것을 알았다. 그는 대공분실, 경찰서, 교도소를 들락거리며 자신과 마찬가지로 눈물 흘리는 사람들을 보았으며 자신과 그들을 동시에 눈물짓게 한 현실이 부당하다는 것도 알았다.

    홍성순은 딸이 사라지고 구금되는 과정에서 철저히 혼자였으나 한편으론 누군가에 의해 얻은 용기 덕분에 쓰러지지 않았고 그 과정을 통해 배운 게 있었다. 혼자였을 때 작고 보잘것없던 각각의 힘은, 흩어지지 않고 모여 연대할 때 분명 커진다는 것을. 그리고 그는 그 연대를 위해 자신이 할 수 있는 일이 있다고 믿었다. 딸은 곧 석방되었지만, 그의 민주화 투쟁은 시작이었다.

비단옷 입고 밤길 걸었네

"딸이 전교조를 했어요. 우리 애들 전교조 처음 만들 때 명동성당에서 단식투쟁을 열 며칠인가를 했어요. 바닥에 스티로폼을 전부 깔았어. 그 위에 비닐 치고 밤에 농성하는데 비가 줄줄 오니까 바닥에 물이 괴어서 스티로폼이 물에 뜬 배같이 되는 거예요. 옷은 또 얼마나 젖었는지. 그렇게 투쟁을 끝내고 쌀을 멀겋게 끓여 먹는데 안 먹다가 갑자기 많이 먹으면 안 되니까 반 컵씩 줬어요. 우리 딸은 그것도 잘 안 먹고 나눠 먹이더라고. 너니까 그걸 하는구나, 우리 딸 장하구나. 처음엔 우리 딸 빨갱이 소굴에서 나오게 해달라고 빌 정도로 내가 그렇게 무지했는데 변한 거예요. 어디든지 같이 다니면서 단식하고 싸웠어요."

홍성순이 '민주화실천가족운동협의회'(이하 민가협) 활동을 시작하고 투쟁 현장에서, 또 투쟁 현장 바깥에서도 그를 모르는 사람이 드물었다. 사 남매 엄마로만 살아온 홍성순의 인생이 변화하기 시작한 것은 독재정권에 맞선 처절한 싸움에 그가 힘을 보태면서부터이다.

"대전에서 식당을 36년 했어요. 도마동에서도 했었고 나중엔 좀 키워서 정림동에서 했어요. 아직도 생각나는 게 도마동에서 조그마한 식당 할 때. 그때 그 작은 식당에 밤 되면 애들이 다 왔어요. 낮에 최루탄 맞고 다니다 밤이면 다 우리 집으로 왔는데, 세탁기도 없었고 목욕탕도 없었거든. 안 쓰는 주방에서 전부 씻기고 우리 애들 입던 옷 입으라고 다 꺼내 주고. 애들이 많으니까 잘

데 없으면 옥상에서도 아무렇게나 드러누워 그냥 잤어요. 그럼 다음날 나가서 싸우고 밤에 또 와요. 그렇게 힘들게 싸웠어요."

차가운 거리에서 싸우다 그의 식당으로 돌아온 학생들은 그가 내어준 마음에 힘을 얻어 다시 밖으로 나갔다. 당시 인권의 사각지대에 놓인 양심수들을 석방하고, 궁극적으로 그들의 삶을 지켜내기 위해 그 가족들이 중심이 되어 군사독재와 맞선 단체인 민가협의 회장직(대전·충남)을 홍성순이 맡게 된 것도 다른 이유가 아닌 그 넓은 품이었다.

"1994년에 정림동으로 식당을 옮겼어요. 거기 가서는 식당을 좀 크게 지었어요. 이름이 진성회관이라고. 나 참 배짱도 커. 돈은 하나도 없었어. 돈 3천만 원 갖고 그 큰 집을 전부 대출받아서 지었어요. 그때는 적금을 안 들면 대출을 안 해줬어요. 적금을 들고 대출을 받았더니 적금 넣어야지, 대출 이자 갚아야지, 그러다 IMF가 터졌잖아요. 얼마나 많이 고생했나 몰라. 힘들었어요. 집은 크고 예식 손님은 한 번에 1,300명씩 그렇게 받았어. 예식 손님 받는 날은 사람을 한 30명씩 썼어요. 일당으로 저녁에 다 주고 남은 돈 은행에 갖다주면 다음번에 장 볼 돈이 없어. 장사하니까 가게에서 외상을 준다? 돈 들어오는 날은 돈이 이만큼 들어와. 인건비 주고 여기 주고 저기 주고 나면 매번 빈손이네?"

"그렇게 살았어도 출소하는 날이라 하면 내가 가만있을 수 있나. 그런 날이면 전날 저녁 내내 소족을 밤새 고아 놨어요. 큰

솥이 몇 개씩이나 있었거든. 다음 날 교도소 앞에 가서 출소하는 사람 환영식을 하고 나서, 우리 집으로 가자고 하는 사람도 없고 약속한 사람도 없었는데 집에 와 보면 아래위층으로 사람들이 꽉 찼다? 전국에서 다 왔으니까. 많을 때는 외신기자만 200명이 왔었어요. 출소하는 날이면 밥도 미리 전부 해놨어요. 갈비탕도 그릇에 담아서 산처럼 쌓아 놔. 다 먹이는 거야. 누가 거기서 몇 그릇 나갔다고 적는 사람이 있어? 그런 거 아무것도 없었어요. 그럼 비전향 장기수 함세환 선생님이 우리 어머니 흙 퍼다 장사하는 것도 아니고 십시일반 얼마씩 내라고 문 앞에서 돈을 걷는 거예요. 어떤 사람은 자기 먹은 것도 못 내는 사람이 있고, 어떤 사람은 자기 먹은 것보다 더 내는 사람이 있고. 어떤 사람은 자기 먹은 것만큼 내는 사람이 있고. 그걸 합쳐서 얼마인가 쥐여주면 그게 쌀값이 되는지, 고깃값이 되는지 하나도 몰랐어요. 몇 사람이 먹었는지도 몰랐어요. 그게 한 번이 아니야. 누가 출소할 때마다 우리 집으로 오는 거야. 그런데 감사한 것이 그렇게 다 먹이고 나서도 나 먹고 살 것은 남았잖아. 그게 감사한 거예요."

양심수와 수배자들을 돕던 와중 무슨 집회만 있으면 형사들이 홍성순의 집에 찾아와 감시했다. 집에 찾아온 형사들에게 나 집회 가야 하는데 어떡하냐, 라고 물으면 제발 가지 말라는 대답이 돌아왔다. 그들을 타일러서 돌려보내는 날이 늘어났다. 일거수일투족이 감시의 대상이 되었지만, 그는 무섭지 않았다. 형사들이 밉지도 않았다. 그런 날을 거듭할수록 과거 딸이 구속되었을 당시 그에게 분풀이의 대상이었던 형사라는 직업을 가진 사람들을 그저 사람으로 보게 되었다. 홍성순과 그 곁의 사람들이 투쟁해야 했던 것처럼 그들 역시 어쩌다 보니 정권의 도구가 되어 시키는 일을 해야 하는 사람들일 뿐이었다. 투쟁 현장에서는 맞서 싸워야 할 존재들일지언정, 그 바깥에서는 무턱대고 미워할 수만은 없는 존재들이었다. 그만큼의 경지에 이르기까지 홍성순의 투쟁 일상은 고단했고 처절했다.

"대전교도소 앞에서 피 터지게 싸웠어요. 청소할 때 갖고 다니는 새파랗고 큰 통 있죠? 거기에 오이를 채 썰어 간장 양념해서 갖고 다녔어요. 근처에 있는 화장실에서 그 통에다 물 부어서 먹었어요. 그거라도 먹어야 농성하지. 그거랑 일회용 컵만 잔뜩 갖다 노면 농성장에 있는 사람들 모두가 그걸 알아서 다 퍼먹었어요. 거기서 먹고 자며 싸우고. 말도 못 하게 힘들었어요."

"충남대학교 축제할 땐 민가협에서 장터를 열기도 했어요. 그때 하루 저녁에 3시간을 잤으면 많이 잔 거야. 민가협 엄마라고 해야 몇 명 되나. 그릇이 있어 뭐가 있어 아무것도 없지. 우리 집 식당 하니까 집기들을 전부 트럭에 하나 싣고 가는 거예요. 막걸리도 우리 집 지하실에서 쌀 한 가마니씩을 내가 담았어요. 그렇게 해서 안 거른 걸 충남대에 실어 나르면 거기서 술을 걸렀어. 술 거르는 일이 얼마나 힘든지 몰라. 큰 통으로 몇 통이나 나왔어요. 막걸리 맛있다고 손님이 바글바글해. 학생들보다도 학교 바깥으로 소문이 나서 많이 왔어요. 거기서 먹지도 못하고 그렇게 일 하니까 내가 변비가 왔어. 아직도 생각나요. 충남대 총학생회실 옆 화장실에 두 다리 뻗고 앉아서 얼마나 울었나 몰라. 똥구멍이 찢어지니까 피가 줄줄 흘러내렸어요. 너무 죽겠어서 한참을 울다 왔어. 저녁에 집에 가면 기진맥진해서 뻗어버렸는데 그때 돈은 좀 벌었어요. 그렇게 벌어서 장기수 선생님들 생활비 얼마 주고 사시는 곳 도배도 해 주면서 썼어요."

당시 홍성순은 1992년 '대전충남민가협' 회장직을 맡은 이후 '대전충남양심수후원회' 회장직을 겸했다. 민가협의 활동 주축이 구속자 가족 범위 안에 놓여 있었다면 양심수후원회는 장기 구금 양심수 석방과 후원을 위해 더욱더 폭넓은 측면에서 각계각층이 모여 사회 대중 운동을 이어나간 단체였다. 활동의 범위가 넓어지면서 관계의 확장도 자연스레 따라왔다. 그 과정에서 맺은 관계들 중 지역의 비전향 장기수들과의 인연은 현재까지도 홍성순의 가슴에 커다란 기억으로 박혀있다.

"그 선생님들이 북으로 넘어가시던 날도 새벽같이 일어나서 국 끓이고 밥해서 싣고 갔어요. 그날 비가 부슬부슬 왔어요. 한번 만나보고 싶어. 가끔 기도하다 보면 그 양반들 얼굴이 싹 떠올라. 내가 너무 힘들 때 그런 적이 있었어요. 함세환 선생님. 그 양반이 나한테 100만 원을 꿔 주는 거예요. 힘드니까 보태서 장사

하래. 그걸 내가 받았었지. 큰 힘이 됐었어요. 없는 돈 모아서 나 빌려준 건데 그 감동이 오죽했겠어요? 장기수 선생님들 북으로 돌아가실 때 내가 그 100만 원 해 드렸어요. 안 받으시더라고. 그래서 그 돈으로 그분들 가기 전에 반지 하나씩 해 드렸어요."

❛

서로를 돕고 돕는 힘으로 살 수 있었던 우울한 시대가 있었다. 서로가 서로를 구원하지 않았다면 살아내지 못했을 과거의 시간. 홍성순은 자신을 어머니, 라고 불렀던 수많은 사람과 함께하며 억척스럽게 버텼던 그 세월이 자신의 기억 속에서 희미해져 가는 것이 못내 아쉽고 속상하다. 나이가 들고 힘에 부쳐 15년의 투쟁 인생을 접어두고 지금은 고요히 사는 노년의 그에게 있어 기억이란 지나간 시간을 증명하는 전부이기 때문에, 또 그 기억마저도 자신의 삶이 다하면 존재하지 않을 것이란 걸 알기에.

"누구를 위해서 종을 울리냐 더니 나는 통일을 위해서 종을 울리려고 그랬나. 그런데 비단옷 입고 밤길 걷는다고 지금 남은 건 아무것도 없어. 내 머릿속에서만 그냥 주마등처럼 스쳐 가."

홍성순의 머릿속에서 스쳐 가기만 했던 기억들이 내게 말을 걸고 또 그것을 기록하게 한 경로 속에서 더욱 분명해진 마음이 있다. 나는 그의 기억이 사라지지 않는 존재가 되길 원한다. 그의 기억에 놓인 그를 포함한 수많은 존재들의 의미가 지워지지 않길 원한다.

비단옷 입고 밤길 걸었네

우울한 시대를 어머니란 이름으로 살며 동시대의 다른 존재들을 위한 환대가 삶의 전부였던 사람 홍성순. 또한 그때의 그를 어머니라고 부르며 그를 의지하고 살았던, 우울한 시대를 품어주던 그를 지금도 그리워하고 있을 존재들까지. 나는 모두를 위한 이 기록이, 즉 그들을 향한 나의 환대가 그 쓰임을 다 할 수 있게 되길 바라면서 이 글을 썼다.

제 2장

# 불행하지 않아야 할 이들을 위하여

거리마다 '이웃에 온 손님 다시 보자, 빨갱이다'
이렇게 써 붙이고 그럴 때니까. 아이들한테 그림 그리라고 하면
북괴라고 해서 빨갱이. 새빨갛게 얼굴 칠하고, 뿔 달리고.
눈이 하나로 달리거나 악마 같은 걸 그렸거든.

김용우 | 1946 -

답답한 공간을 벗어나 시야가 확 트인 도심 카페에 앉아 사방의 웅웅대는 소리를 최대한 멀리 두고 귀를 열었다. 그러자 낮게 읊조리는 그의 음색이 굵고도 가냘프게 다가왔다. 그것은 그가 아득한 과거와 지금을 교차하며 떠올리는 경험과 기억의 차이에 따라 반응하는 몸의 신호였다. 격분과 슬픔의 굵기는 두꺼웠지만, 말로 다 할 수 없는 감정에 치달을 때면 이내 가늘고 약해졌다. 시대적 삶을 기억하는 선율 넘치는 그의 변주는 속도감 있게 오래도록 흘렀다.

나는 온 신경을 곤두세우고 그가 꺼내는 삶을 쉴 새 없이 주워 담았다. 무엇에 찔린 듯이 아팠고 그가 때마다 떨구지 못하고 삼킨 눈물이 내 것 인양 또 아팠다. 눈물의 중력을 거부할 수 있는 의지는, 어떠한 종류의 불행이든 참고 이겨내 온 그의 삶을 대변하는 것 같이 여겨졌고, 나는 그것이 내내 무거워 자꾸만 고개를 떨어뜨리고 말았다.

그가 분단의 시대 속에서 소용돌이치며 싸워온 자신을 애서 기억해내는 과정을 감내한 것은 단 하나의 이유였다. 그의 이야기는 더는 불행하지 않았으면 하는 동지들을 위한 선물이다.

ℭ

만나지 말아야만 한다고 했다. 만나면 벌어질 일에 관한 상상은 누구에게나 전쟁을 상기시키는 것으로 충분했다. 제도에 의한 상상은 선을 넘는 것을 금지했다. 그것은 정치 이데올로기가 자아낸 불신이었다. 의심은 전쟁을 일상에서 연속하게 했다. 가장 가까이 숨 쉬는 이들이 빨갛게 멍들었다. 만나지 못해 불식되지 못한 그 멍이 누구나의 정신을 아득하게 했던 그때.

정신을 곧추세우지 않으면 벌겋게 된 눈이 모든 관계를 망쳐 버리던 그때를 선명히 기억하는 그는 말했다. 빨갛거나 빨갛지 않은 것에 관해 그것이 정말 무엇을 의미하는 것인지 드러내 놓고 말할 수 있는 사람은 그때 드물었다고. 다른 누군가에 의해서가 아닌 우리가 스스로 움직여야 했다고. 만나야만 한다고 말하는 사람이 절실히 필요했다고.

고등학생 시절 교회 여름 부흥회에서 김용우가 만난 강사는 그런 사람이었다. 1~2 만씩 모인 김천 용문산에서의 여름은 만남을 얘기하는 것으로 들썩였다. 만남은 복음, 평화, 통일과 같은 말들과 만나 신학을 공부하려 하는 그에게 어떤 사명감처럼 자리 잡았다. 반공 의식이 장악한 체제 속에서 아주 단순하게 여겨지는 '만남'이란 말이 야기하는 정서적 효과가 있었다. 그것은 북을 괴물, 악마로 상징화한 반공교육이 간과한 정서였다. 만나고 싶었다. 만나야만 한다고 생각했다. 이념과 이념의 대립으로 무너진 공동체 정서를 회복하려는 움직임, 그것은 외세의 압박을 걷어낸 평화로운 통일을 향한 갈망이었다. 평화의 가치가 비교적 유용하게 기능하는 교회에서 말하는 통일은, 그것이 어떠한 정치적 함의를 지니고 있다 하더라도 마땅히 해결되어야 할 우선 과제임을 그에게 더욱 절실히 느끼게 했다. 여름 부흥회 이후, 교회 친구들과 마당에 통일탑을 쌓았다. 이후 부지불식간에 흐른 시간 속 통일을 향한 그의 의지는 정치적·역사적 흐름마다 그를 놓이게 했다.

"그땐 정말 금방 통일되는 줄 알았어."

그가 대학 4학년이 되던 해인 1972년, 당시 대통령이던 박정희가 '7.4남북공동성명'을 발표했다. 분단 이후 최초의 남북한 정부 간 공식 합의문서였던 '7.4남북공동성명'은 통일의 이름으로 자주와 민족과 평화를 품었다. 무력 없는 평화로 한 민족이 되어 외세에 저항하는 진정한 독립국이 되기 위해 그간 피 튀기며 적대했던 시간을 바로잡겠다는 결의로 보였다. '통일'이 숨어서 낮게 번지는 말이 아닌 공식 언어로 사용되는 것은 그전까진 있을 수 없는 일이었다. 권력이 언어에 뻗치는 영향은 실로 감탄스러웠다.

간첩으로 몰리게 되는 직격탄으로 활용되었던 언어를 차마 입 밖에 꺼내지 못해 온 사람들이 그것을 말하기 위해 메마른 입을 달싹였다. 국민 호응은 낮은 물결에서 점차 몸집을 부풀려 커다란 파도가 되었다. 있을 수 있는 일이 아니라고 생각하면서도 부푼 가슴은 가라앉지 않았다.

그러나 있을 수 없는 일이 벌어지고 난 이후의 상황은 받아먹지 않았어야 할 음식을 양껏 먹고 그것이 상한 음식이었다는 것을 뒤늦게 알고 체한 것처럼, 다시 많은 사람을 울렁이게 했다.

불행하지 않아야 할 이들을 위하여

큰 파도가 울분으로 뒤섞였다. 의심 없이 순진한 국민으로 산 대가는 혹독했다.

"그게 전부 조작, 허위였어. 그해 10월에 유신이 터졌거든. 학교 가니까 군인들이 있었어. 뭔가 잘못되었다고 느꼈는데 나중에 제대로 알았지. 결국, 7.4남북공동성명은 정권 위기 극복하고 독재 유지를 위한 수단이었다고. 너무 분했어."

7.4남북공동성명이 발표된 이후 같은 해 10월, 유신헌법이 발표됐다. 쉽게 꺼내 볼 수 없어 더 간절했던 말과 약속들은 권력의 미끼로 활용된 후 제 의지가 아닌 채로 꺾이고 접혀 쪼그라들었다. 당시 정권이 채택한 7.4남북공동성명이 결국 독재를 위한 신호였음을, 그 사실을 지금에 와서 돌이켜보면 김용우는 그런 생각이 든다. 70년 분단의 역사가 걷히지 않은 나라의 국민들이 겪어온 전쟁과 이별과 낙인과 배제의 아픔은 독재의 희롱이라고. 그야말로 속아 살았다고.

속아 살았다는 말이 함의한 복잡하고도 무수히 많은 감정이 그의 삶에서 내내 떠나지 않아 지금에 이른 걸까. 그는 줄곧 불행했다는 표현을 했다. 그것은 자신이 살았던 시대의 불행을 말하는 것이기도 했고 그 시대의 운동이 불행했다는 의미이기도 했으며 어둠과 같은 시대에 놓인 자기 삶이 불행했다는 이야기이기도 했다. 그렇게 불행을 끌어안은 그의 사적 감정과 공적 감정이 분리될 수 없을 만큼 엉겨 굳어 있었다.

"지금은 친북좌파라고들 하지만 그때는 용공좌경, 빨갱

이란 말로 낙인을 찍었어. 목사도 감옥에 가둘 수 있는 상황이라 여겨질 때였지. 그때 대전에서 우리 세대 중 목회를 하면서 통일 운동 하는 사람은 거의 없었어. 동지들은 있었지만 내 윗세대가 없었지. 선배가 없었다는 거야. 그러니까 지역에서 목회자로서 윗세대 누군가의 가르침을 받고 공부를 하거나 활동한 적이 없는 자생하는 통일운동이었다고. 그게 자부심이라면 자부심일 수 있지만 그래서 불행하기도 했지."

(

충주에서 목회 활동을 하였던 삼십 대 중반 즈음엔 목회와 운동을 병행하기가 결코 쉽지 않음을 절감했다. 종교적 믿음 체계 안에서 독재 타도와 통일의 당위를 논하는 목회자의 삶에 뿌려진 경고는 점점 선명하게 다가왔다.

"박정희 암살당하고 전두환이 집권하면서 KBS가 전두환 나팔수 역할을 주로 했어. 그 반감으로 KBS 시청 거부가 일어났거든. 그때 전국적인 조직이 처음 생겼어. 당시 내가 지역 책임 위원장을 했지. 스터디 그룹을 만들어서 저녁마다 교회에서 스터디도 했어. 한 번 할 때마다 두어 시간 동안 진행했어. 성경을 토대로 사회 현실을 직시하는 공부였지. 소문을 듣고 다른 교회 청년들이나 학생들이 와서 함께하기도 했어. 그런 이유로 요시찰 인물이 된 거야. 아침에 일어나 보면 우리 집 대문과 벽에 빨간 페인트가 잔뜩 뿌려져 있었어."

불행하지 않아야 할 이들을 위하여

"그 와중에 문익환 목사님을 모셔다가 교회에서 강연회를 열었지. 큰 교회가 아니라서 공간이 협소하긴 했지만 앉을 자리가 없을 정도로 관심을 받았어. 그런데 강연을 듣기 위해 온 사람보다 더 많은 건 경찰들이었어. 우리 교회 주변을 백골단(시위를 진압하는 사복경찰)이 빙 둘러싼 형국이었어. 교인들은 무서워하고 걱정도 했지만 난 좀 신이 났었어. 지금 생각해도 그 젊은 서른대여섯에 교회에서 쫓겨나는 건 틀림없는 상황이었는데 말이야. 문익환 목사님 강연이 끝나면 목사님을 잘 모셔서 서울로 보내야 했는데 그때 내가 차가 없었어. 차가 없으니까 우리 집사람이랑 같이 택시를 잡아 모시고 갔지. 그런데 두 번째 오셨을 때 택시 안에서 느닷없이 그러는 거야. 내 무릎을 '탁' 치면서, 김 목사! 목사는 시인이 되어야 해, 라면서 지나가는 말처럼 계속 얘기하셨어. 우리는 행복한 목사거든. 우리에게는 장준하 같은 사람이 있고… 처음엔 나하고 관계없는 이야기인가 싶어서 흘려들었어. 그런데 그렇게 우리 교회에 왔다 간 후, 한 달 뒤에 체포됐지. 어쨌든 나와는 그때 그 말이 마지막이었어. 기가 막히지. 가슴이 떨리더라고."

금기와 처벌이 난무하며 이념과 이념이 부딪혀 선명한 자국을 남기던 때 김용우에게도 탄압의 그림자가 드리웠다. 교회 내부에서 문익환 목사의 강연과 같은 대중 행사를 벌이고 이런저런 활동을 지속하는 동안 폭압은 교인들에게까지 뻗쳤다. 급기야

경찰들은 직업이 교사인 어느 교인의 직장에 찾아가서 협박하는 일까지 벌였다. 교회에서 더는 살 수 없다는 충동이 수시로 찾아들었다.

(

"탄압이 심했는데 강경으로 가니까 완전히 해방이나 다름없더라고. 거긴 전라도랑 가까워서 그런지 괴롭힘은 없었어. 강경 옥녀봉 밑에 있는 중앙교회 담임목사로 가게 된 거야. 그쪽으로 가자마자 일주일 만에 박종철이 죽었어. 박종철 죽음과 관련한 시위가 일어났지. 강경 제일교회 목사가 연합예배를 같이 드리자는 거야. 좋다고 했어. 강경 경찰서에서 제일교회까지 두 줄로 섰는데 거리가 약 300m~400m쯤 돼. 밤엔 촛불을 켜고 진행했지. 교인들도 그렇고 그때 분위기는 흥분 상태였어. 그러다 얼마 뒤 6월항쟁이 터졌잖아."

그의 나이 서른아홉쯤으로 기억된다고 말했다. 6월항쟁 전부터 존재한 전국국민운동본부 흐름에 따라 대전충남운동본부는 자신을 포함하여 이명남 목사, 김순호 신부를 공동대표로 세워 활동하기 시작했다.

"그 당시 구호가 독재 타도 호헌 철폐야. 대전충남권 대학 출정식에 전부 참석하여 연설했지. 출정식 하러 학교에 드나드는 것도 쉽지 않았어. 들어갈 때는 그냥 들어가도 나갈 때는 몰래 숨어서 개구멍으로 나가야 했어. 잡히니까. 무섭다는 감정이 들 여유도 없었어. 내가 이걸 꼭 해내야 한다는 생각만 했지. 충남대학교에 가면 학생회 본부가 인문사회대학쯤에 있었거든. 그쪽 운동장 있는 곳에 가면 학생들이 1~2천 명은 모여 있었어. 거기 간부 중 한 명이 날 픽업했지. 출정식 끝나고 나갈 때면 농대 뒤쪽으로 빠져나가게 만들어줬어."

"6월항쟁이 있던 그해는 잊을 수가 없어. 대전역에서부터 동양백화점(현 NC백화점 대전 중앙로역점)까지 양도로가 꽉 찼어. 나는 제일 앞에 있었어. 일어나서 보면 머리만 새까맣게 보이는 거야. 최루탄이 터지니까 연설을 제대로 못 했어. 시작한 지 10분도 안 돼서 최루탄이 터지니까 혼비백산이 되는 거야. 무작위로 디졌어. 어떤 학생들은 터지지 않은 불발탄을 받아서 공격하는 쪽에 도로 던지기도 했어. 살이 찢기고 피가 나고 전쟁이 따로 없었어. 어쨌든 그 해에 전두환이 항복 선언하고 군사 정권이 종지부를 찍었으니까 지금에 와서야 이런 얘기도 편하게 할 수 있는 거지."

서른다섯에 찾아온 암이라는 혹독한 병이 이미 그의 몸을 탐하고 있던 터였다. 생과 사가 가까워졌다고 느끼면서도 목회활동과 동시에 운동을 놓을 수 없었던 이유는 사회의 가장 본질적인 문제가 사라지지 않았음을 운동을 통해 증명하고 해결하고 싶었기 때문이다. 그때 주변에서는 그에게 "목사님, 이제 통일운동 어떻게 하시렵니까?"라고 묻곤 했다.

〔

"구속되었을 때도, 교인들이 용공좌경 목사라고 나를 반대할 때도, 최루탄 터지는 현장에서도 아무것도 겁나지 않았어. 다만 그런 것이 힘들었지. 동지들이 잡혀간다던가 갑작스럽게 죽었다거나. 젊은 동지들이 먼저 가서 내가 장례를 치러야 하는 그런 아픔 말로 다 못 해. 목사로서 장례지도사를 하기는 하는데 말이 안 나왔어. 젊은 동지들이 이런 사고 저런 사고당하고, 맞아 죽고. 그런 것들을 지금 생각하면 파노라마처럼 아프게 다가오지."

돌이켜 기억하면 할수록 아프게 다가오는 이들은 그의 곁에서 질문을 던지던 동지들이다. 그에게 시인이 되라는 말을 남기고 간 문익환 목사, 젊은 생을 운동 현장에 바치고 떠난 동지들 모두 그의 가슴에 풀어지지 않는 응어리가 되었다.

1992년 '민주주의민족통일대전충남연합', 1994년 '통일맞이대전충남겨레모임', 2001년 '대전충남통일연대', 그리고 2005년 창립해 지금껏 유지되고 있는 '6.15공동선언실천남측위원회대전본부'까지 지역 통일 운동 단체 상임대표를 맡아 헌신적으로 활동해온 그이다. 정말로 시를 쓰게 된 그는 목사이자 시인이며 대전 지역 통일운동의 살아있는 중심이다.

불행하지 않아야 할 이들을 위하여

분단의 끝이 다시 또 저만치 멀어져 있다. 4.27 판문점선언 이후 가까워졌던 그 끝을 허망하게 바라볼 수밖에 없는 지금, 덕분에 그의 가슴에 한참 동안 눌러앉아 있는 응어리는 당분간 계속 사라지지 않을 예정이다. 김용우는 자신이 끌어안은 불행이 너무 오래 지속되지 않길 바란다. 중층적 불행을 감내하는 동안 너무도 긴 시간이 흘러버렸다.

제 3장

# 멀어지지 않은 약속

당시 학생들이 화염병을 던져야 제도적인 폭력과 맞서 싸울 수 있었어요. 화염병이 지금은 폭력적 의미지만 당시 상황으로선 그것이 학생들에게 어쩔 수 없이 필요한 방어무기였어요.

김선건 | 1946 -

화염병을 얘기하며 썰어 둔 수박을 무심코 권하는 그가 그때를 떠올리며 무슨 생각을 하고 있는지, 또 내가 어떤 말을 해야 할지 알 수 없는 채로 처음 조금은 그렇게 시간이 흘렀던 것 같다. 어색한 기운에 공연히 실없는 말을 꺼내기 싫어 접시에 담긴 세모진 수박을 많이도 먹었다. 나는 그가 두 눈으로 보았던 원치 않은 격렬한 시대를 내 삶으로 공유할 수 없는 사람. 누구도 의도하지 않은 위화감으로 묘한 긴장이 돌았다.

심각한 와중에 유머가 끼어든 건 다행이었다. "대학교수가 자기 공부만 하면서 학생들 가르치면 얼마나 편합니까."라며 어딘가에 있을 누군가들을 떠올리게 하는 말을 하면서 그제야 그가 웃었다. 돌이켜 보면 많은 것을 함의한 말이었다.

웃다가 긴장을 늦출세라 곧 그를 따라 시간의 흐름을 거슬러 달려갔다. 그때. 격동의 시대를 말하는 이성과 감정이 뒤섞인 그의 내면을 들추는 내내 학생들의 희생이 그의 입에 달라붙어 있었다. 피를 흘리며 혁명한 학생들의 삶과 멀어지지 않으려 여전히 애쓰고 있다는 이야기. 김선건의 이야기는 그가 아닌 학생들로부터 시작한다.

( 

안경 뒤에 있는 눈동자에서 광채가 발했다. 그가 돌연 벌떡 일어설 것만 같았다. 기억은 그렇게 역동적으로 나에게까지 왔다. 그가 단단히 묶어둔 이야기의 매듭을 다 풀기도 전인데 말이다. 힘이 셌다. 힘이 센 기억들이 각자의 힘을 주체 못 해 얽히고 쏟아지는 동안에도 그의 말은 이어졌지만 어쩔 수 없이 목이 메었다. 절대 사라질 수 없는, 사라지지 않은 기억은 인간으로서의 작은 품위도 상실한 공권력이 초래한 과정이자 결과였다.

온몸을 내던져 민주화와 통일의 열망을 실현하고자 했던 학생들이었다. 그들을 기억하는 자신을 먼저 꺼내놓아야 이야기를 시작할 수 있을 것 같다고 말하는 그의 시간은 잠시 1980년대에 머물렀다. 그러다 이어졌다. 공허한 대학 강의실, 거리를 메운 학생들 사이에 놓여 있던 자신에 관한 이야기가. 두렵지만 변혁을 위해 멈추지 않았던 존재들과 그 가능성 있는 존재들에게 유독 가혹했던 세상에 관한 이야기가.

"학생들이 흘린 피로 독재정권에 맞서 싸운 거죠. 희생한 학생들이 셀 수 없이 많아요. 그때 학교에서는 학생들 데모 못 하게 막는 역할을 교수들한테 시켰어요. 심지어 가정방문까지 하라고 하고. 교수들이 그런 압력을 받았죠. 지금 생각해보면 코미디예요. 다 큰 성인들인데."

김선건은 제주대학교를 거쳐 1984년 충남대학교 사회학과 교수로 부임했다. 그 시기는 학생들이 굵직한 사안을 중심으로 운동을 확대해 나가던 때였다. '학원 자율화 운동'(졸업정원제 폐지, 학원 사찰 근절, 비민주적 학칙 개정, 학도호국단의 폐지, 학생

자치활동 보장 등의 요구를 건 운동)과 동시에 '5.18 민중항쟁' 진상규명 요구 시위를 주도한 당시 대다수 학생 삶은 운동이 차지했다. 일상의 전부가 되어버린 운동을 놓아서는 안 될 이유가 그들에게 있었다. 군사정권의 탄압은 학생들뿐만 아니라 민주화운동 세력 전체를 향해 폭력을 겨누고 있었다. 1987년 6월이 다가오고 있었다.

6월항쟁을 전후하여 가르치던 학생들의 잦은 구속이 이어졌다. 그가 경찰서와 교도소를 들락거리며 학생들을 면회했던 일, 검사를 만나 학생들의 석방을 간절히 요구했던 일은 당시를 회상하면 가장 선명하게 떠오르는 기억이다.

"6월항쟁 지나고 나선 좀 나았지. 그 전엔 학교에 형사들이 들어왔다고. 사복경찰들이 대학 내에 상주하고 있었던 거예요. 집회하면 쫓아가서 잡아야 하니까. 강의실까지는 못 들어오고 캠퍼스 내 어딘가에 있었어요. 지금 떠올리면 상상도 안 되는 일이죠. 그때 사회학과 학생들이 데모를 많이 했어요. 데모만 하면 앞장서서 구속도 많이 되고. 학문의 성격이 사회 현실과 직접적으로 관련되어 있잖아요."

(

그가 지식인으로서 부족하다 느낀 실천의식은 학생운동을 지켜보며 가만있을 수 없다는 울분을 통해 터져 나왔다. 해직의 위협을 무릅쓰고 '민주화를 위한 전국 교수 협의회'(이하 민교협) 활동을 시작했다. 민교협 활동은 당시 사회·정치적 문제 해결을 위해 나서는 것과 동시에 '전국교직원노동조합'(이하 전교조)과 연대한 교육 운동으로도 이어졌다.

이렇게 실천적 지식인으로 의식화한 뒤 그의 행보는 더 구체적으로 통일운동과 맞닿는 계기가 되는데 그것은 지역 통일 운동 단체와 연을 맺는 일이었다. 1992년 '민교협대전충남지부' 회장을 맡으면서 '민주주의민족통일대전충남연합' 공동대표 활동을 겸임했다. 이후 분단 문제에 더욱 집중하게 되면서 '통일맞이 대전충남겨레모임' 공동의장을 맡기도 하였다.

반공 이데올로기로 인해 억압받아 수면 위로 드러나지 못했던 통일운동의 기폭제는 학생운동 세력의 영향이 컸다. 김선건이 대표나 의장직을 맡아 활동했던 지역 통일운동 단체의 움직임이 활발해진 것도 그 이유였다. 1987년 6월항쟁을 기점으로 학생운동 세력 내에서 통일운동에 집중하려는 움직임이 더욱 정교해졌다. 마치 닥친 현실의 문제를 가까스로 다잡아 놓은 다음, 밀려나 있던 중요한 숙제를 잊지 않고 해결하려는 것처럼. 그도 그럴 것이 1987년 이전부터 학생운동 세력 내부에서는 분단에 관한 문제의식이 공유되고 있던 것이다. '전국대학생대표자협의회'를 주축으로 하여 88년 분단 올림픽 거부와 동시에 '남북 학생회담' 추진, '국가보안법 철폐' 요구, '통일을 염원하는 성명서', '북한 바로 알기 문화행사', '대학생 통일 학교' 등의 형태로 본격적인 통일 운동의 움직임을 일으킨 학생들은 민간 통일운동 단체의 움직임에도 영향을 끼쳤다.

김선건이 민간 통일운동을 활성화하고자 진행한 시민 대상의 통일 학교도 그 연장선에 있었다. 그것은 학생이 아닌 시민에게도 통일 교육이 필요하다는 것을 절실히 느끼고 있던 그의 오랜 바람이었다.

"왜 분단이 되었는가, 어떤 방식의 통일이 필요한가, 시민들이 알아야 할 문제라고 생각했어요. 관련 연구자들을 불러 모았어요. 교수들 생각이 반드시 맞는 건 아니잖아요. 서로 토론하는 시간을 많이 가졌어요. 활동가들의 견해도 보탰고요. 당장 통일하자는 게 아니라 점진적으로 나아가야 한다, 북한 체제도 유지하고 남한 체제도 유지하면서 서로 천천히 다가가야 한다, 그런 얘기들을 많이 했던 것 같아요. 체제가 갑자기 어느 한쪽으로 바뀔 순 없잖아요. 그동안 서로 왕래하는 시간이 필요하다는 거죠. 좀 자유롭게. 그런 고민과 해결점을 시사하는 연구를 시민들과 나눴어요. 강의 장소는 지금도 있죠? 기독교연합봉사회관에서 했어요. 매주 한 번씩 했을 거야. 통일을 주제로 하여 7~8회 분량의 강좌로 그렇게 시민들을 만났던 거예요."

의식하는 주체로 살며 내던질 수 있을 만큼 자신을 내던진 사람. 그가 의식한 만큼 행동하는 동안 사회는 변해 갔다. 변하지 않은 건 단 하나뿐이었다.

멀어지지 않은 약속

"아직도 그런 말을 하는 사람들이 있잖아요. 빨갱이라는 말을 하죠. 그 레드 콤플렉스가 아직도 극복되지 않았어요. 어떤 의미에서는 이미 극복했다고 보지만 여전히 독재하려는 세력은 남아 있잖아요. 우리 사회 모든 문제가 분단으로부터 시작되었어요. 독재정치가 가능했던 것도 북한에 대한 적개심, 대결 의식, 분단구조 때문에 시작된 거라고. 분단이 풀려야 다른 문제도 풀릴 수 있어요. 또 우리가 주체적으로 할 수 있는 게 없잖아요. 아직도 미국 눈치 봐야 하잖아. 금강산 가고 싶어도 못 가고 북한 도와주고 싶어도 못 도와주고 있잖아요. 우리가 휴전의 당사자가 아니기 때문에. 군사비를 위해 또 얼마나 많은 지출을 합니까. 이런 문제에 대중이 나서서 관심을 두고 안목을 키워야 해요. 그게 바로 민주운동이자 통일운동인 거예요. 직결될 수밖에 없어요."

젊음을 바쳐가면서까지 사회변혁을 꿈꾸고 주도했던 학생들을 지켜보며 그들을 잠시 마주했던 지식인으로만 남고 싶지 않았다. 같은 자리에 있을 순 없어도 어디선가 할 수 있는 일을 하며 그들과 동지가 되고 싶었던 김선건의 마지막 말. "80년대를 경험한 사람은, 제대로 된 사람이라면 그 시대를 향한 부채 의식이나 무언의 약속 같은 걸 가지고 있습니다."라며 저물어가는 대화 끝에 내비친 지금까지 자신을 다잡아온 내면의 울림. 무언의 약속은 지금도 그의 안에서 울리고 있다.

제 4장

# 끝나지 않은 준비

우리 학생들 만나면 그런 얘기 해요. 얘들아 전 세계 어디를 들여다봐도 우리와 말을 같이 쓰는 사람들은 여기밖에 없단다. 이런 나쁜 놈, 했을 때 일본 사람 미국 사람 아무도 못 알아듣는데 딱 알아듣는 사람들이 한 군데 있어. 아 예쁘다, 했을 때 환한 표정으로 나를 쳐다볼 애가 거기밖에 없어. 우리가 왜 이렇게 헤어져 있어야 하는지 정말 모르겠다 싶을 정도야.

최교진 | 1953-

그의 아내가 쓴 산문집 <사랑하는 사람아>의 128페이지에서 아내 김영숙은 최교진에 관해 이런 말을 한다. "첫 담임을 맡은 학급 63명의 이름을 한 주 만에 모두 외워 출석부를 보지 않고 이름을 불러 줬다."라고 말이다. 최교진과 가장 가까이에서 함께 해온 이가 그에 관해 늘어놓은 많은 이야기 중 내겐 그 대목의 울림이 가장 크게 다가왔다. 산문집을 읽으면서 몇 번씩 더 읽어보고 싶은 구절이 담겨 있는 쪽마다 꼭꼭 접어둔, 내 식대로의 흔적에서 찾아낸 그 울림은 내가 그의 이야기를 듣기 위해 교육감 집무실을 찾았던 날의 기억과 멀지 않다.

그날 나는 약속한 시각보다 10분을 늦었다. 온화한 표정을 하고도 묵직하게 꾸중할 수 있는 사람의 얼굴을 그날 처음 본 나는 사실 인터뷰 내내 조금 얼어있었다. 그가 오래된 기억을 술술 꺼내는 대로 나의 말도 끌려다녔다. 그날만큼은 인터뷰어의 일에 미숙했던 내가 한동안 그러고 있다가 내심 망연자실하여 글을 제대로 쓸 수 있을지를 복잡하게 굴리던 와중 그는 갑작스레 내게 질문했다. 나에 관해서.

타인의 이야기를 듣고 기록하는 일보다 말하는 것이 더 서툰 나는, 나를 알고 싶어 하는 사람 앞에서 어렵사리 나를 말했고 그는 열심히 내가 누구인지에 관해 들었다. 그렇게 마음이 녹는 동안 알게 된 것은 나라는 사람도 누군가의 관심에 무감하지 않다는 사실이었다. 어렵고 중요한 일을 하고 있다는 격려와 칭찬까지 귀로 듣고 마음에 담으니 그날의 나는 더 얼어붙어 있을 이유가 없었다.

(

"통일은 정말 아무 준비 없이 있다 보면 도둑처럼 습격하듯이 올 수 있습니다."

통일을 당한 사람들의 말이었다. 준비 없이 닥친 현실 앞에서 무력했다는 말을 떨 듯이 했다. 좌절과 불안의 눈빛을 한 그들의 이야기는 베를린 장벽이 무너짐과 동시에 경험하고 전유해 온 동독인으로서의 상실을 말하는 것이었다. 분명 분리되어 있다가 하나가 된 이후의 현실을 말하는 것이었지만 그들은 자신들이 이전에 없던 세계로 재분리되었다는 식의 이야기를 계속했다.

없던 세계.

떠밀려 없던 세계에 놓인 그들이 불안에 떨고 있을 때, 한쪽에서는 그것을 통일이라 했다. 짧은 순간들이 모여 너무도 빨리 지나가 버린 그 과정을 지나니 원래 있어야 하는 그들의 자리엔 다른 한쪽의 사람들만 들어앉았다. 선택되지 못한 그들의 발화는 비정상적인 존재의 발악으로만 치부되었다. 그들의 문제는 그들끼리의 문제로만 남겨졌다.

"동서독이 통일되고 나서 1992년에 전교조 대표로 독일에 가서 한 보름 정도 있을 일이 있었어요. 그곳에서 외국 노조들의 동의를 구해서 하고 싶은 얘기가 있었어요. 대한민국이란 나라에서 교사 1,500명을 해직시켰습니다. 이럴 수가 있습니까, 이런 이야기를 하면서 독일 교포들에게 설명하고 후원도 받고 그러고 다녔어요. 그때 브란덴부르크주에 가서 그 얘기를 했더니 그쪽 노조에서 뭐라 하느냐면 말도 마세요. 지금 우리 브란덴부르크주에만 해직 교사가 12,000명입니다, 그런 말을 하는 거죠. 깜짝 놀랐어요. 네? 통일됐잖아요, 들은 대답은 그래요. 동독 측 교사들 가운데에서 역사, 철학, 경제 등 이념과 관련되었다고 여겨지는 영역의 교사들이 해직당한 거예요. 예술까지도요. 그 모든 선생님이 일단 해직이었던 거예요."

    1989년 베를린 장벽이 붕괴하였고, 그다음 해인 1990년에는 빠르게 진행된 독일의 통일이 있었다. 서독을 동독에 이식하는 차원의 독일 통일은 자본주의 사회에서 버텨낼 준비가 되지 않았던 동독인들의 삶 전체를 상실시켰다. 정치적 목적에 의한 화폐통합은 경쟁력을 잃은 동독 기업들의 순서도 없는 도산의 위기를 가져왔고, 이로 인해 많은 수의 동독인들이 실업자가 되었다. 해결의 실마리를 단 한 줄기도 잡을 수 없는 과정이 지나는 동안 동독인들이 오래도록 지켜온 가치는 새로운 통일 국가의 보이지 않는 그림자가 되었다.

끝나지 않은 준비

도둑의 습격과도 같은 통일 이후, 동독인들은 그들을 이루고 있던 전체를 잃어버렸다. 지배적 우위에 있던 서독의 체제에 흡수당한 동독의 교사들도 피할 수 없는 현실이었다.

배우 정진영의 데뷔 작품인 '전국교직원노동조합'(이하 전교조) 투쟁을 담은 영화 <닫힌 교문을 열며>가 제작된 1992년에 그 투쟁의 중심에 있던 최교진은 독일로 향했다. 상실과 불평등의 무게에 짓눌린 동독 출신 교사들을 만난 1992년은 그가 전교조 수석부위원장을 맡았던 해이기도 하다.

냉전의 상징물인 독일의 베를린 장벽이 무너진 1989년, 한국에서는 전교조가 창립했고 노태우 정부는 교사는 노동자가 아니라는 이유로 노조 결성을 불법으로 간주했다. 전교조 가입 교사들은 자진 탈퇴를 요구받았고 탈퇴하지 않은 교사 1,500명이 해직당했다.

1992년 당시 이미 몇 번의 해직 경험이 있던 최교진은 해직의 괴로움보다 더 묵직하게 자신의 가슴을 누르는 동독 교사들의 이야기에 충격받았다. 지구상 마지막 분단국가인 고국으로 돌아가면 해야 할 일이 더욱 분명해졌다고도 느꼈다. 선배 격인 통일 국가에서 위로받고자 했던 그가 돌려받은 것은 통일을 어떻게 준비해나가야 하는가에 대한 과제였다.

그로부터 1년 후, 문익환 목사 중심의 '통일맞이칠천만겨레모임' 준비위원회 제안이 온 것은 독일 방문 이후 고민하고 있던 통일 과제를 실천할 수 있는 계기였다. 단체나 활동가 중심의 통일운동은 끝났다며 칠천만 남북 겨레가 통일을 맞이할 수 있는 준비를 해나가야 한다는 문익환 목사의 뜻에 따라 만들어진 통일맞이칠천만겨레모임에 최교진은 실무자로 참여했다. 통일 기행, 출판, 모임에 이르기까지의 다양한 대중적 활동은 통일과 통일 그 이후를 준비해 나가는 일이었다.

"다들 복직을 했는데 저는 해직 교사로 남아있게 되었어요. 그런 상황이다 보니 제가 전교조충남지부를 맡아야 해서 다시 내려왔죠. 그게 1994년이에요. 내려와서는 그런 생각을 했어요. 문익환 목사님 뜻이 정말 필요하고 좋은 것인데 이것을 우리 지역에서도 함께 하면 좋겠다는 생각이요. 결국 '통일맞이대전충남겨레모임'을 만들어서 지역 통일운동을 시작했어요. 활발한 활동은 많이 못 했어요. 통일을 말할 때, 반공 통일만 말하는 시대 안에서 다른 목소리를 내는 일을 지역에서도 조금씩 하자는 수준의 일을 한 거죠. 그때 활동가들 많이 고생했어요."

문익환 목사 서거 후 통일운동의 대중화를 위한 흐름은 보다 본격화되었다. 1994년 7월 2일 창립한 '자주평화통일민족회의'는 60여 개의 전국 재야·사회단체가 참여하여 공식 출범했고 창립선언문을 통해 자주, 평화통일, 민족대단결의 원칙에 따라서

온 국민이 참여하는 통일운동을 해나가겠다는 뜻을 내비쳤다. 분단을 넘어 평화를 실현하고자 하는 전국적 통일운동 대중화의 중심에 있던 '자주평화통일민족회의'에서 최교진은 집행위원장을 맡기도 하였다.

1998년 김대중 대통령 당선 이후 '6.15 남북정상회담'을 준비하는 과정에서 남측 내에서의 좌우 분열 문제 해결이 시급하다는 판단하에 보수와 진보, 중도 등 각계각층이 소통하는 통일 준비를 위해 '민족화해협력범국민협의회'(이하 민화협)가 출범했다. 그로부터 2년 뒤 2000년엔 분단 역사상 처음으로 열린 정상회담을 통한 '6.15남북공동선언'이 있었다.

굵직한 정세 변화가 흐르던 그즈음은 최교진 개인에게도 특별했다. 1989년 두 번째 해직을 당한 뒤 약 10년 만인 1998년 복직을 했고 부여 세도중학교에서 교직 생활을 다시 이어갈 수 있었다. 1999년엔 전교조의 합법화도 이뤄졌으나 2003년, 최교진은 3번째 해직을 당했고 그날을 끝으로 교단에 서지 못했다.

"마지막 해직을 당하고 사회 운동에 더욱 집중했어요. 6.15공동선언 이후 6.15 정신을 실현하기 위한 지역 통일 단체들이 막 생겼잖아요. 지역에서 김용우 목사님이 큰 역할을 해주셨고 저는 옆에서 서포트하는 차원이었죠. '대전통일교육협의회' 활동하면서 통일 기행이나 통일 교육을 진행하기도 했었어요. 2004년엔 '민화협' 집행위원장을 맡기도 했죠. 그때 남북관계 실무 회담 준비도 하고 북에 종종 갈 일이 있었어요."

없으면 안 될 공기 같은 존재로 대전충남지역 운동권을 지켜온 최교진에게 이후 후배들이 나서서 정치 운동의 제안을 해온 것은 그로서는 어렵고 당황스러운 일이었다. 결국, 제도권 변화를 위한 요구에 부응하고자 교육감 선거에 출마했고 각고 끝에 2014년 제2대 세종특별자치시 교육청 교육감으로 당선되었다.

"우리 학생들 만나면 그런 얘기 해요."

애들아 전 세계 어디를 들여다봐도 우리와 말을 같이 쓰는 사람들은 여기밖에 없단다. 이런 나쁜 놈, 했을 때 일본 사람 미국 사람 아무도 못 알아듣는데 딱 알아듣는 사람들이 한 군데 있어. 아 예쁘다, 했을 때 환한 표정으로 나를 쳐다볼 애가 거기밖에 없어. 우리가 왜 이렇게 헤어져 있어야 하는지 정말 모르겠다 싶을 정도야.

"1989년에 문익환 목사님이 북으로 갔죠. 가서 김일성 주석을 꼭 껴안고 우리 살아생전에 통일합시다, 분단 역사 넘기지 맙시다, 그랬었죠. 2000년 '6.15공동선언', 2007년 '10.4선언', 2018년 '4.27판문점선언'까지 우린 멈추지 않고 이어져 왔어요. 우리 민족이 그런 끈질김이 있어요. 김대중 정부, 노무현 정부 그 10년 동안 개성공단이며 금강산 관광이며 남북 민간인들이 정말 다양하게 만날 수 있었잖아요. 만나 보니까 정말 별로 다르지 않았어요."

"금강산을 얼마나 자주 갔어요. 강원도나 경기도 학생들 많은 수가 버스 타고 금강산으로 수학여행 갔잖아요. 북에서는 그

학생들 수용하려고 해금강 쪽에 몽골 텐트처럼 큰 텐트를 엄청나게 지어놨었어요. 민간인들도 금강산 많이 갔었죠. 개성 많이 열렸었고요. 평양도 이렇게 저렇게 해서 갔다 온 사람들 많을 겁니다. 그때 평양만 갔다 오나요. 평양을 가면 반드시 묘향산 관광도 다녀왔죠. 운 좋은 사람들은 백두산까지 다녀왔겠죠. 그렇게 오가면서 북쪽이 우리와 무엇이 다르고 또 어떤 점이 비슷한지 다녀온 사람들은 자연스럽게 느꼈을 거예요."

1992년 독일에서 최교진이 동독 출신 교사들과 통일을 논할 때와 지금 2020년의 분단 현실은 달라진 것이 없다. 물론 그 사이 끈질긴 움직임이 있었지만, 여전히 전쟁의 아픈 기억은 치유되지 않았고 평화의 아주 작은 희망마저 거세되어 있다.

교사에서 교육감까지 삶의 굴곡이 있는 동안 통일의 과제는 여전히 그에게 남아있다. 최교진은 오랜 기간 자신 삶을 던져 끊임없이 준비해온 그 일을 아직 마치지 못했다. 그는 통일 국가의 청소년들이 꿈꾸는 나라는 어떤 곳인지, 우리가 어떤 통일을 준비해야 하는지를 상상하고 토론하는 장은 멈추지 말아야 한다고 말했다.

자신의 위치에서 통일을 향한 준비를 놓지 않고 있는 그의 일. 그건 통일을 맞이할 어느 세대 누구도 배제당하지 않는 일일 것이다.

제 5장

# 어느 누구라도 원하지 않을
# 길 위에서

내가 원치 않더라도 역사의 고비마다 극우세력들의 탄압에 의해, 또 동지들이 가는 길을 바라보면서, 시대를 반면교사로 삼으면서, 그 길은 원치 않아도 운동가로서 갈 수밖에 없는 길이다. 그렇게 생각하면서 살았어요.

김창근 | 1955-

운동가로 살지 않았다면 예술과 철학에 심취해 예술가가 되었을지도 모르겠다고 말하는 그는 다른 종류의 삶을 상상할 수 없는 채로 지금껏 살아왔다. 의식하기 시작한 순간부터 걷지 않을 수 없었던 길 위에서 혼자가 아니었기에 더욱 그랬다. 혼자였다면 사라지지 않은 의식 저편의 다른 것을 상상하고 들여다볼 수 있었을지도 몰랐다. 혼자였다면 가능했을 다른 삶. 그러나 그는 간명하게 주변을 뿌리치고 혼자를 자처할 만큼의 모진 면이 없는 사람이었다.

　나는 두 손을 그러쥐고 차분하게 간혹 격렬하게 자신이 지나온 시간을 말하는 사람에게서 느껴지는 깊숙한 슬픔이 나의 몫으로 전이되었던 순간순간을 수십 번 곱씹으며 이 글을 썼다. 슬픔은 쓴 글을 다시 수십 번 읽고 고치는 일을 전부 끝낼 때까지도 내 안에서 사라지지 않았다.

☾

김창근이 말한 역사의 고비 속에서 그는 혼자가 아니었으나 홀로 오롯이 감당해야 하는 것들을 끌어안고 살아야 했다. 자신이 대단한 투쟁가는 아니라고 생각하면서도 투쟁을 하는 운동가라면 마땅히 감당해야 하는 것들이 있다고 여겼다. 처음은 두려웠으나 처음을 견디니 두려운 것이 없었다. 투쟁과 투옥이 대부분 함께인 현실이 그랬다. 더 나아가서는 죽음을 두려워하지 않을 지경으로까지 치달았다고도 했다. 그건 자포자기의 심정이 아니었다.

어느 누구라도 원하지 않을 길 위에서

자신보다 더 먼저 시대의 고초를 겪다 떠난 사람들을 잊지 않으려는 의지는 그에게 많은 것들을 감당하고 살 수 있을 만큼의 용기를 주었다. 많은 사람이 죽었지만, 그 죽음으로 끝나지 않은 역사가 여전히 지속하고 있었다. 그 수많은 죽음 이후의 숙제 같은 일들을 자신이 해나가야 한다고 느꼈던 김창근은 두려움을 지워버렸다. 어쩌면 그것은 강박과도 같았다.

"고등학생일 때에요. 고향 금산에서 선생님들과 친구들과 당시 사회문제를 주제로 공부하고 토론하는 모임을 했었거든요. 박정희 정부의 군사독재로 인해 벌어지는 문제에 대해 반감을 갖던 시기였어요. 그러다 졸업을 했죠. 대학은 가지 않았어요. 대학에 별 관심이 없었어요. 그때 친구 중 한 명이 공주교대에 입학해서 대학 운동권 문화를 간접적으로 알 수는 있었죠. 저도 문제의식은 있었으나 그때의 저는 조금 염세주의지였던 것 같아요. 그러다 군대에 갔어요. 전북 여산 제2하사관학교에 가서 6개월 교육받고 하사관이 되어서 광주로 배치받았어요. 광주에서 또다시 전남 해남으로 배치받았고요. 거기서 전남대학교 철학과 운동권 출신 방위병을 만난 거예요. 그 친구하고 본격적인 역사 논쟁이나 토론을 벌였어요. 그 친구가 나한테 책을 줬거든요. 스펀지가 물을 쪽쪽 빨아들이듯이 그렇게 그 책들을 읽었던 기억이 있어요."

"제대하고 나서는 여기저기 여행을 했어요. 집에서 난리였죠. 대학을 가든 돈을 벌든 하라고. 그래서 결국 7급 공무원 시험 준비를 했어요. 1979년 10.26사태 터지고 불과 며칠 안 돼서 11월 5일에 제가 경찰이 되었죠. 경찰학교에 가 있는데 12.12사태가 터졌어요. 얼마 안 가 1980년도에 천안경찰서로 발령받았어요. 경찰이긴 했지만, 당시 불온서적이라 여겨지던 것들을 몇십 권 가지고 있었어요. 공부를 놓지 않고 있었던 거죠. 그러다 1980년 초에 광주에서 5.18이 터지잖아요. 그때 경찰 신분이긴 하지만 광주시민을 학살한다는 얘기를 듣고 참을 수가 없었어요. 친구들과 모여서 광주에서 흘러들어온 '전두환 광주 살육 작전'이라는 유인물을 타자로 치고 등사기로 밀어서 전국에 배포했어요. 그로부터 1년 뒤에 탄압을 받았어요. 아람회 사건이 그렇게 시작됐어요."

의식의 자유가 허용되지 않던 때였다. 일상의 겹겹을 촘촘히 에워싸던 시대의 구속, 그것은 친목 모임이 반국가적 조직으로 바뀌는 것을 가능하게 했다. 아람회 사건은 전두환 정부가 김난수 씨의 딸 아람의 백일잔치에 모인 김창근을 비롯한 모임 일원들을 반국가적 행위자로 간주하여 관련죄를 뒤집어씌우면서 만들어진 1981년의 사건이다. 5.18의 참혹한 진상을 알리고자 했던 용기 있는 실천은 사실을 왜곡한 혐의로 추락당했다. 살아있어도 죽은 것이나 다름없는 현실을 경험하게 하는 고통으로, 또 누군가에게는 죽음으로까지 내몰리게 만든 아람회 사건 이후로 김창근의 삶은 그의 말처럼 원치 않았더라도 갈 수밖에 없는 곳으로 흘러갔다.

어느 누구라도 원하지 않을 길 위에서

"충남 도지사 관사 있잖아요. 테미고개 그 골목으로 쭉 들어가면 골목 끄트머리에 대전 시립도서관이 있었어요. 도서관 옆에 잔디밭이 있는 거기. 그러니까 대고 오거리에서 테미고개 쪽으로 조금 올라가다 보면 왼쪽에 골목이 있어요. 테미고개 가기 전, 시립도서관 바로 옆에 붙어 있던 곳이 충남 경찰 대공분실이었어요. 거기서 34일간 고문받았어요. 그러다 감옥에 갔죠."

(

출소 후 사회 복귀가 쉽지 않았다. 1983년부터 시작한 택시 기사일도 정부의 지속적인 감시 속에서 자주 어려움을 맞닥뜨리곤 했다. 다른 일은 시도조차 할 수 없었기에 더욱 간절했던 택시 노동으로 출소 이후의 삶을 꾸려가며 노동자로서 의식화한 사회 문제는 그기 운동가의 일을 쉴 수 없도록 만들었다. 굵직한 모순들이 김창근의 삶에도 뿌리를 내렸다. 양립하지 못하고 배척하는 그것들의 뿌리는 그의 속을 수시로 긁어내렸다. 아픔이 지칠 줄 모르고 파고드는 바람에 그도 멈출 수 없었다. 김창근은 자신을 억울하게 가둔 감옥이, 그보다 앞선 모진 고문이, 또 그 모든 것이 끝난 이후 자신이 얻을 수 있던 삶이 어딘가 이상하리만치 잘못되었다고 생각했다. 이 사회를 구성하고 있는 두 가지의 모순이 약한 이들을 향해 탄압의 손길을 뻗치고 있었다. 아주 자연스레 일반화되어 버린 모순과 너무도 특수해서 감출 수 없이 드러나는 모순. 그

두 개의 모순을 전부 가진 한국 사회에 김창근은 혐오 이상의 분노를 느꼈다. 바꾸고 싶다고 생각했다.

"노동 현장에서 20여 년간 싸우면서 눈 뜨게 된 거죠. 노동자들이 중심이 되어 운동해야겠다. 분단모순과 계급모순을 넘어설 수 있는 운동에 노동자들이 빠져서는 안 될 것이며 그건 당연하다고 생각했어요. 그런 운동이 필요하다고 판단하게 된 거죠."

한 번 심기면 누군가 옮겨 심을 때까지는 그 땅에 박혀 움직일 수 없이 자리하는 나무의 운명과 같이 날 때부터 이미 결정된 것처럼. 노동자는 누군가의 허락 없이 스스로는 아무것도 선택하지 못하고 결정하지 못하는 존재로 치부되었다. 자본주의 메커니즘을 유동시키는 경제 권력의 주체들과 그에 동조하는 정치권력자들이 유지하고자 하는 분단된 한국에서 결정권 없는 존재로 치부되는 노동자는 차별과 배제의 대상으로 손쉬운 존재였다.

특수하고 복잡한 한국 사회는 빨갱이라는 낙인을 주축으로 모든 존재들을 단순화시키기 시작했다. 국가를 위한 국가로 꾸준히 거듭났다. 제국주의적이고 패권주의적인 방식의 사회 단순화는 이분법적 근대성을 벗어나지 않은 형태로 곳곳에 존재했다. 그것이 식민지를 경험한 국가의 현실이었다. 약자는 언제까지나 약자로만 존재해야 했다. 김창근은 이분화된 사회의 해체를 시도하는 지역 운동의 주체자로 나섰다.

"민주노총 대전지역본부에서 초대 통일위원장을 했어요.

약칭 지통대라고 부르는 지역통일선봉대를 꾸리고 그때마다 투쟁 현장을 찾아다니며 다양한 현안에 동참했어요. 가물가물하지만 지역본부에서 먹고 자면서 여기저기 투쟁을 다녔던 기억이 나요. 주로 건설노조 동지들이 함께했어요. 지금도 모이면 그때 얘기 많이 해요. 열정이 많았다고."

그는 분단 하에 수많은 사람이 희생되었음을 잊지 않기 위한 마음으로 운동을 지속할 수 있었다고 말했다. 그의 운동은 희생당했던 과거의 아픔에 잠식당하지 않기 위한 자신을 위한 것이기도 했고, 자신과 마찬가지의 이유를 가진 이들과의 연대로서 동력을 발휘하기도 하였다. 어느 한 분야의 목적만이 아닌 사회구조 전체의 변화를 위한 운동으로써 그 영역이 확장되었고 자연스레 지역 정치 운동 흐름에도 동참하게 되었다.

김창근은 2000년 민주노동당이 창당함과 동시에 당원으로 가입하여 활동을 시작했다. 아래로부터의 투쟁을 위로 올리고자 했던 정치 운동에 관한 지역의 논쟁은 엄청났다. 과거 조봉암 선생이 260만 표를 받고 간첩으로 몰려 죽음까지 당했던 역사가 수많은 입에 오르내렸다. 민주노동당의 창당은 그만큼의 도전이었다.

그런데도 죽이면 어떡하나. 예전에는 조봉암 선생의 진보당이 그렇게 쉽게 죽었지만, 지금은 쉽게 죽겠느냐. 이젠 감옥에 가도 죽지는 않는다. 해야 한다. 가야 한다.

여러 논쟁 끝에 비로소 창당한 민주노동당을 지지하는 당원으로, 통일운동가로, 노동 현장의 투쟁가로 살던 김창근에게 거절하지 못할 제안이 온 것은 그가 마침 민주노총 대전본부 택시연맹 본부장직을 내려놓고 쉬던 때였다.

"현장 사업을 쉬고 있는데 당에서 찾아와서 현재 당이 어렵고 힘드니 같이 수습을 하자고 요구를 하는데 내칠 수가 없더라고요. 대전 지역 동지들의 염원으로 제가 할 수 있는 부분을 요청한 것에 복무해야 한다는 마음이 있었어요. 노동 현장에서 단련된 부분이에요. 내가 필요하다고 하면 항상 가서 일한다는 마음이었던 거죠."

그의 기억이 말했다. 2009년 2월 13일이 그가 민주노동당 대전시당위원장을 맡게 된 날이라고. 동시에 자신의 고생문은 더 훤히 열린 길이라고도 했다. 현장을 누비며 당원들을 만나는 것으로부터 시작한 일은 2011년 통합진보당으로의 통합, 2012년의 총선 출마, 그 후 2014년의 당 해산까지, 쉬지 않고 벌어지는 전쟁과 같은 현실이었다. 그는 몸으로 가슴으로 많이 앓았다.

"2014년 12월 19일에 통합진보당이 해산당했어요. 그 이후로도 당 조직을 그냥 놔둘 수 없어서 민중의 꿈을 만들었어요. 600명~700명의 인원을 보전하고 있다가 2017년 10월 15일 민중당(현 진보당)이란 이름으로 다시 시작했어요.
그러고 나서 2018년 10월까지 시당위원장으로 일했던 거고요. 지역에서는 제가 더 하길 원했어요. 그런데 제 몸이 많이 망가졌거든요. 과거 교통사고 때문에 허리를 다쳐서 대수술을 했어요. 그런데 10년 동안 그렇게 길에서 싸우다 보니 몸이 더 안 좋아진 거예요. 고문당한 후유증으로 왼쪽 귀 청력이 60%밖에 안 돼요. 잘 못 알아들어요. 이런 망가진 몸으로 일을 하는 것이 민폐 아닌가. 내 나이도 60이 넘었는데. 후배들도 커야 하고."

몸이 망가져서야 돌아보는 시간을 얻었다. 소리 없이 불타다 스러져버린 마음을 돌보는 일도 가능해졌다. 고독과 방랑을 양분 삼아 홀로 전국을 떠돌고 싶던 그 이전의 마음을 채우는 건 여전히 운동가로 현장을 찾고 동지들과 함께 하는 일상이지만 이 세계 안에서도 그는 다시 원하는 것을 해나가고 있다.

대전 평화합창단에서 단원들과 함께 노래하는 김창근의 모습을 통해 느껴지던 심성을 기억한다. 김창근의 몸을 통과하던 감정들은 빠르게 그의 생을 훑고 지나갔다. 내가 그를 통해 말하고 싶은 이야기가 그의 온몸으로 드러나던 장면이었다.

울분과 기쁨이 교차한, 또 지워지지 않는 어떤 자국처럼 노래하던 그의 모습.

나는 뒤늦게서야 이 글을 통해 그에게 묻고 싶다. 지금은 원하는 삶을 사는 중이냐고.

## 제 6장

# 가장 아픈 책임

바깥은 온통 초록이던 그때. 모든 것이 정지되어 있었어요. 햇빛도 하나 안 들고. 폭이 1m도 안 되는 거지. 그런 방에서 3개월을 살았어요. 내가 스물두 살 때.

김병국 | 1958-

쓰다만 일기장이 있었다. 쓰임을 다하지 못한 일기장의 주인은 자신의 내면을 글로 옮겨 적는 일이 중요한 일과가 될 수 없게 한 날들을 기억했다. 글을 쓸 줄 알았던 어린 시절부터 그가 오래도록 써왔던 일기를 쓸 수 없게 된 정황과 무관하지 않은 동시대의 소란. 한 줌 빛도 허락하지 않았던 그 얄궂은 소란을. 캄캄한 세상의 조용할 리 없던 이질적 소란을.

억울하고 분하고, 거악에 무력하기 짝이 없던 그 모든 날을 그는 기억했다. 모조리 기억하지만 쓰지 못했고, 쓰지 못하니 제대로 말해지지도 못했던 이야기. 그것을 시작하려면 김병국이 대학 2학년생이던 때로 시간을 거슬러야 했다.

"1979년도죠. 제가 목원대학교 사회과학부 학생회장이 되었어요. 그해 10월 26일에 박정희가 김재규에 의해 피살되는 사건이 일어났잖아요. 그러면서 그동안의 군사 독재 정권에 의해 억눌렸던 학교, 또 사회에서의 민주화에 대한 요구가 분출하던 시기였어요. 그전부터 대학을 병영화시키고 정보과 형사들의 학내 사찰이 공공연하게 이뤄졌고. 형사들이 학교에 별도의 사무실을 두고 있을 정도로 말이에요. 학교가 독재정권의 하수인이 되어서 학생들을 억압하고 박정희 영구집권에 순응하고 유신독재에 맞는 교육을 자행했어요. 학교 경영을 독단적으로 했어요. 우리나라 사학 족벌 비리, 입학 비리를 온전히 지키면서 독재정권에 아부하며 기생하는 것들이 있었어요. 학원민주화운동이 필요했던 그런 시기였어요. 목원대학교도 예외는 아니었어요."

가장 아픈 책임

독재가 끝났지만, 다시 또 다른 이름의 군부독재가 그 이전과 다를 바 없이 지배하던 때의 학생운동은 처절했다. '12.12사태', '80년 서울의 봄', '5.18민주화운동'의 흐름 속에서 더욱 격렬한 시간을 보냈던 그는 목숨을 내놓을 각오로 투쟁했다고 말했다. 그런 결심 없이는 살 수가 없었다고 말했다. 다른 한편으로는 들어주지 않는 목소리를 내기 위해 끝내 살아있어야만 하는 때이기도 했다. 분명치 않은 출구를 그려놓고 그 어둠 속 가시밭길을 맨발로 뛰는 형국이었다. 그래도 살아야 했다.

1980년 오월, 그는 수배자가 되었다.

"수감되고 아무 이유도 없이 두들겨 맞고 조서를 강요당했어요. 북한의 도움을 받지 않았느냐, 김대중한테 지시받지 않았느냐 말이 안 되는 소리를 들으면서요. 하지도 않은 일을 뒤집어씌우려는 거죠. 그때 나이가 스물셋인데 지금 생각해보면 너무 어린 나이예요. 이제 와 자식 키우는 사람 입장에서 보면 내가 너무 어린 나이였던 거예요."

젊은 날의 결심엔 핏발이 수그러들지 않고 있었다. 그가 경험한 강제된 현실은 자신의 삶이 이제까지와는 분명 다른 과정에 놓여있음을 잔혹하게 말해주었다. 적나라하게 드러난 독재정권의 민낯은 청년이 가슴에 박은 시대의 한을 더욱 부풀리게 했다. 그것은 온몸 구석구석에 피가 돌 듯 그의 전체로 퍼져나갔다. 단단하게 맺힌 한이 쉬이 부러지지 않을 의지로 굳어졌을 즈음 그는 이미 단 한 번도 물러선 적이 없는 운동가가 되어있었다.

"그때 당시 독재정권은 반드시 타도되어야 한다, 이렇게 법정 진술을 하면 판사들이 물었어요. 그래도 어쨌든 당신들 데모로 인해 사회가 혼란해졌던 거 아니냐? 그 질문에 그렇다고 대답한 사람들은 내보냈어요. 저는 그런 대답을 할 수가 없었어요. 어떻게 그런 말이 나와요. 옥중투쟁을 가열하게 했어요. 한 번도 물러선 일이 없어요. 독방에도 많이 갔고 심한 고문도 많이 당했어요. 일제강점기 방성구(防聲具)라고 하는 고문 도구인데 소리를 못 지르게 입안에 뾰족한 널빤지 같은 딱딱한 것을 밀어 넣어요. 그것이 들어올 때 입을 안 벌리면 이빨이 부러졌어요. 입술은 그냥 터지고. 그것을 집어넣고 팔을 묶어서 뒤로 잡아당기고 또 쓰러뜨리고, 발로 밟았어요. 말로 다 꺼내기 힘든 고문들을 수없이 당한 거예요."

(

출소 이후 복학도 안 되었고 취직도 어려웠다. 김병국은 서울의 사회과학출판사에서 영업일을 하는 동시에 야학 현장에서 노동자들에게 의식화 교육을 하며 생활했다. 민주 인사들과 학생들의 저항만으로는 국가 권력을 바꿀 수 없다고 여겨 노동 현장에 투신했던 운동가들 사이에 그가 있었다. 힘든 시기였다. 어느 날 어느 순간 정신을 놓아버린다고 해도 이상할 것이 없는 현실 속에 그가 있었다.

가장 아픈 책임

"그런 일도 있었어요. 수배된 학생 심부름을 하려고 그 집으로 옷이나 물품을 받으러 갔는데 그 부모가 신고했어요. 안양경찰서에 잡혀갔죠. 그날, 다짜고짜 저를 때리려는 경찰한테 제가 그랬어요. 손만 대면 가만 안 둘 거라고. 그랬더니 때리더라고요. 그래서 가만있지 않았어요. 저도 때렸어요. 경찰을. 경찰서 안에서. 그러니까 경찰들이 다 몰려와 저를 밟는 거죠. 집단 구타를 당했어요. 거기서 진짜 얼마나 맞았는지 몰라요. 땀나도록 맞았어요. 정말 맞다가 죽을 것 같을 정도의 폭행이었어요. 그러고 나왔는데 아, 너무 억울한 거야. 그때 내가 정신이 완전히 무너졌어요. 나는 올바른 일을 하는데 그런 말도 안 되는 폭력을 당하니까. 그런 것을 수용할 수가 없던 거예요. 스물다섯쯤이었을 거예요. 너무 분해서 밥을 먹을 때 되면 정신이 나가는 거예요. 멍해지는 거죠. 정신이 나가서 안양경찰서 앞에 서 있다가 그 형사를, 그 형사 가슴을 칼로 확 찔러서 피가 나오면 제정신으로 돌아오고. 그렇게 정신이 나가 있는 상태에서 상상과 현실을 왔다 갔다 했어요. 밥 먹다가 그랬고 또 버스 타고 지나는 중에도 그랬어요. 상상 속에서 그 형사가 사는 단독주택과 집 앞의 놀이터가 그려졌어요. 그곳에서 그의 아이들이 놀고 있었고, 저는 그들을 발로 차서 밟고 난 후에야 제정신으로 돌아왔어요. 그 정도였어요. 그렇게 상상과 현실을 오가며 죽을 만큼 힘들었던 그때 그 광경이 아직도 선명해요."

이후 반독재 민주화 운동을 펼치기 위한 재야 단체인 '민주화운동청년연합'(이하 민청련)이 전국적으로 결성되면서 대전으로 내려온 그는 '대전충남민청련'의 총무국장을 맡았다. 당시 학원 자율화 조치가 다시 시행되었고 복학 허가도 났다. 또 힘든 세월을 겪어내는 동안 줄곧 곁을 지켜온 지금의 아내와 결혼을 했다.

"우리 아들이 태어난 때가 1987년 1월인데 그때가 부천경찰서 성고문 사건이 전국적으로 이슈화되었을 때에요. 지역에서도 충남민청과 충남민주운동협의회(이하 민협)가 주축이 되어서 부천경찰서 성고문 사건 규탄 대회를 했어요. 기독교 봉사회관에서 하기로 했는데 경찰이 원천봉쇄를 해서 오류동 삼성아파트 앞에서 유성 쪽으로 가는 대로에서 하게 되었어요. 당시 민협 공동의장이었던 김순호 신부가 성명서를 발표하자마자 최루탄이 날아왔어요. 우리가 한쪽으로 몰렸는데 자리를 뜨는 사람들이 한 명도 없었어요. 그때 처음 제가 가투를 이끌었어요. 그날 저는 경찰에 잡혔어요. 아내는 태어난 지 4일 된 아기와 처가에 있었는데 신문에 난 걸 딱 본 거야. 그때 대전일보가 석간을 내보냈을 거예요. 그래서 신문을 얼른 감췄다는 거야. 처가에서 볼까 봐. 마음고생이 컸을 거예요. 잡혀서 구류 5일 처분을 받았어요. 그때 재판에서 내가 그랬어요. 이런 불의한 정권은 반드시 국민의 심판을 받을 거라고. 여대생을 강간한 경찰관 문귀동은 버젓이 구두공장 사장을 하는데 강간당한 여학생은 감방에 가두는 것이 법복을 입은 당신들의 사법 정의냐고 소리쳤어요. 그랬더니 뒤에서 손뼉 치고 난리가 났어요. 그런 데서 내가 참 당당했어요. 한 번도 주눅 들어

본 적이 없어요."

　　　　당시 정권의 노학투쟁(노동자 학생 연대 투쟁) 저지 지침에 따라 경찰관이 진술을 받는답시고 학생 운동가를 성 고문했던 사건인 부천경찰서 성고문 사건이 전국적으로 알려지고 투쟁하는 동안 지역에서의 책임도 중요했다. 김병국의 시간은 그러한 종류의 책임에서 벗어난 적 없이 흘러왔다.

　　　　가두 투쟁을 이끌던 그때. 재판장에서 떳떳하게 할 말은 하고야 말았던 그때의 시간에서 지금에 이르렀다. 갓난아기였던 아들이 장성했을 만큼의 꽤 오랜 시간이 지났다. 사업가이자 운동단체 대표로, 또 지역 운동권 후배들을 지원하는 사람으로 지키고 있는 김병국의 지금은, 그가 당당히 부정 권력과 맞서고자 했던 과거에서 벗어나지 않은 모습이다. 가족의 탄생과 시대의 사건을 동시에 기억할 수밖에 없는 순간들을 살았던 김병국은 자신의 세대가 끝내지 못한 과업의 책임을 여전히 안고 있다. 그에게 남아 있는 아픈 책임은 통일이다.

(

"모든 것을 다 떠나 우리가 하나가 되는 것. 통일은 마땅히 되어야 하는 것이라고 말하고 싶어요. 이념을 따지면서 통일을 논한다는 것은 사실 통일하지 말자는 얘기나 마찬가지예요. 가끔 화가 나고 슬플 때가 있어요. TV에서는 아프리카 어린이들을 위해 후원하라는 ARS를 대중적으로 홍보하는데, 북한에 있는 어린이들 도와준다고 하면 그건 또 완전히 퍼주는 것 아니냐는 식의 논쟁이 벌어지잖아요. 그것만으로 끝나는 게 아니라 불순한 사람이라고, 빨갱이들이라고 몰아세우잖아요. 그렇게 여전히 국가반역자로 취급하는 현실이 너무 슬픈 거예요."

"7년간 겨레하나 상임대표 할 때, 과거에 같이 운동을 했던 주변 사람들도 저를 말렸어요. 왜 굳이 그쪽과 함께하냐고요. 통일운동 단체에 대한 레드 콤플렉스가 운동권 안에서도 팽배했어요. 저는 제가 할 수 있는 일을 놓으면 안 된다고 생각했어요. 독재의 뿌리를 올라가면 사실 분단이거든. 또 분단의 원인은 결국 외세이고. 가장 본질적인 문제죠. 제가 하는 일은 너무도 어려운 몫을 해내고 있는 통일운동 단체들에 애정과 신뢰를 주는 것이에요. 대전충남겨레하나 상임대표를 하면서, 또 지금 평화통일교육문화센터 이사장직을 맡아 실무자들과 함께하면서 이 사람들한테 제가 감동한 게 있어요. 꾸준히 운동해온 사람들의 진정성이 있어요. 정말 훌륭한 실무자들이에요. 사실 제 사업도 어려울 때가 많았죠. 어떻게 순탄하기만 했겠어요. 진짜로 어려워서 놓으면 다 끝나는 것을 어렵게 잡고 있었던 때, 그런 때에도 운동하는 사람들에 대한 의무만큼은 저버리지 않았어요. 그래야 한다고 생각했어요."

통일을 왜 해야만 하는가에 관한 질문은 이미 그의 내부에서 지워진 지 오래다. 매끼 밥을 먹을 때마다 맛있는 음식을 앞에 두고 가족이나 이웃, 친구와 같은 주변을 떠올리는 아주 평범한 일상이 남과 북의 관계에서도 가능할 수 있어야 한다는 것. 어려운 사람이 있으면 돕고 싶고 좋은 것이 있으면 나누고 싶은, 사람이라면 누구나 가질 수 있는 인정이 이미 초국가적으로 확장하고 있는 글로벌 시대에서 왜 남과 북은 이렇게 배타적이어야만 하는 건지.

분단 문제의 본질이 가려진 국가에서 사람들은 이젠 자신의 삶 가까이에서 그 문제를 절실히 느낄 수 없는 현실에 이르렀다. 김병국이 신뢰하고 지원하는 지역 통일운동 단체들의 역량은 지금의 현실을 비껴갈 수 없다. 과거 운동권들만의 연대가 아닌 일반 대중의 통일 감수성을 끌어올리는 전문가의 역할을 그들이 해줘야 하는 시기가 왔다.

"무슨 일이든지 전문가가 굉장히 중요해요. 운동가도 마찬가지라고 생각해요. 처음에는 어떤 울분과 의협심으로 운동을 시작할 순 있어도 체계적으로 그 분야를 공부하거나 역사의 현장을 지키는 사람은 의지가 더 강해지잖아요. 이승만과 김구가 달랐던 것은, 김구는 늘 꾸준히 현장에 있었거든요. 이승만은 모양새 나는 일에만 자신을 드러냈었죠. 지금도 똑같아요. 신념과 공부와 삶이 내재화된 실천을 통해 타인에게 감동을 주는 전문가. 그런 통일 운동 전문가. 이런 사람들이 꼭 필요하다고 생각했어요."

분단국가를 후세에 물려줄 수 없다는 의지와 사명감으로, 어떤 기준에서는 다른 삶보다 훨씬 더 고된 일들을 하는 운동가들과 함께하면서 그는 가끔 과거의 자신을 꺼내 본다. 수없이 반복되어도 절대 받아들일 수 없던 폭력 앞에서 무력하지만은 않았던 자신을 말이다. 그리하여 어둠 속에서 가까스로 얻은 그의 빛. 그러나 그는 자신과 같은 신념으로 함께하는 후배들만큼은 어떠한 고초 없이 빛을 쬘 수 있기를, 그 빛으로 인해 더욱 바로 설 수 있기를. 그는 이제 후배들의 뒤에서 그것만을 바랄 뿐이다.

가장 아픈 책임

제 7장

# 그의 기도

믿는 사람들은 자기가 믿는 신의 인도하심을 느끼기도 하거든.
나를 통일 운동하는 곳으로 인도하신 게 아닌가,
그런 생각을 가끔 하지.

박규용 | 1960-

그를 만난 날. 봉인되어 내 안에만 머물러 있던 의문을 나도 모르게 쏟아낸 그 날은 좀 이상했다. 목회자의 면전에서 '기도라는 것을 제대로 해본 적이 없다.'는 토로를 해버린 내가, 그로부터 얼마 지나지 않아 '기도가 왜 필요한지 모르겠다.'라고 연달아 말했던 그 날 말이다. 시골의 어두컴컴하다 못해 까만 밤, 홀로 유일하게 빛나던 십자가를 향해 가졌던 유년 시절의 막연한 두려움을 떠올리며 횡설수설했던 나에 비해 그날의 그는 시종일관 평온했다.

    나는 신에게 천국행을 빌기 위한 목적으로 종교 생활을 하는 이들을 가까이에서 보며 힘들었던 기억이 있다. 내가 반복적으로 보아온, 신에게 천국행을 빌던 이들은 대체로 자신의 행적만으로 좋은 운명을 점치기 어려운 덕 없는 사람들이었다. 나는 실재하는지 알 수 없는 존재에게 나의 삶을 빌어서 구하고 싶지 않았다. 때때로 내게 다가와 불편하게 종교를 권했던 이들의 말처럼, 교회에 다니지 않아 정말로 지옥에 가야 한다면 그것이야말로 내가 감수해야 할 내 선택에 따른 운명이라 생각했다.

    이런 내가 줄곧 부정해온 대상이 '절대적 존재'인지 '덕 없는 사람들'인지 헷갈리기 시작한 것은 무슨 징조일까. 굳이 어느 존재를 부정하면서 내 선택과 판단을 긍정하는 것이 또 하나의 그릇된 행적을 쌓는 일이라 여겨지는 지금. 인터뷰 말미 "꼭 어딜 가서 특정 신에게 비는 것만이 기도가 아니야. 사랑하는 사람들이 행복하길 바라는 마음으로 날마다 자꾸 되뇌는 것이 기도야. 그게 자기 자신도 구원하는 일인 거야."라는 그의 이 말이 내게 답을 줄 수 있을지도 모른다는 생각이 든다. 아끼는 존재를 위한 마음에서 우러나는 기도가 주는 힘을 나도 배워가는 중인 것 같다.

(

그곳은 비가 오면 물이 샜다. 여름이면 덥고 겨울이면 추웠다. 계절과 기후 변화를 잘 견디지 못하는 공간이었다. 꼬박꼬박 나가는 월세가 아까울 만큼, 공간은 그곳에 머물러 있는 이들에게 모질고 야박했다.

  자신의 교회가 근처에 있어 틈날 때마다 그곳을 드나들 수 있었던 그는, 공간의 사정을 웬만큼은 꿰뚫고 있었다. 건물주의 야박한 인심이 공간을 사용하는 이들의 현실을 쥐고 흔들 때마다 그는 함께 괴로워했다. 돌파구를 찾기 위해 직접 나서는 일도 비일비재했다. 그렇게 평온할 새 없이 사건을 터뜨리는 공간에서 꿋꿋하게 버티며 하는 일을 멈추지 않는 이들을 그는 말없이 존중했다. 자신이 존중하는 그 사람들 곁을 오래도록 지키고 싶었다.

  그가 귀하게 여기는 이들은 이따금 어딘가에서 상처 입고 흠집 난 채로 모질고 야박한 공간에 돌아왔다. 그럴 때마다 그는 말없이 분노했고 변함없이 그들 곁에 머물렀다. 선량해서 귀한 존재들이 아프지 않길 기도하면서, 또 그들을 닮아가는 자신을 느끼면서.

"자연스럽게 통일운동 단체들과 연대모임을 했었거든. 그때는 단체들이 지금만큼 견고하게 자리 잡기 전이야. 그땐 내가 정말 꼭 해야지, 라는 마음으로 시작했던 건 아니었어. 나는 믿는 사람이잖아. 믿는 사람들은 자기가 믿는 신의 인도하심을 느끼기도 하거든. 나를 통일 운동하는 곳으로 인도하신 게 아닌가, 그런 생각을 가끔 하지. 그래서 두려움도 없어. 인도하시니까 가야 하는 거야."

'대전경제정의실천시민연합' 통일위원장을 맡아 활동한 것을 시작으로 지역의 여러 통일운동 단체와 연을 맺은 박규용. 20년간 자신이 존중하는 선량한 이들과 오랜 고락을 같이했다. 그렇게 축적한 시간 속에서 그의 기도는 멈추지 않고 계속됐다. 처음 시작했던 때부터 지금까지 여전히 그가 할 수 있는 가장 최선의 일은 기도였다.

열악한 환경에서도 꼭 필요한 일을 하기 위해 절절히 매달리는 활동가들 곁에서 체득한 '앎'과 '삶'이 분리되지 않는 실천은 목회자인 그에게 주요한 영향을 미쳤다. 그것은 어느 때 어느 곳에서도 이중된 사람으로 살지 않기 위한 그의 노력으로 번졌다. 목사이자 운동가로, 또 가족의 일원이며 한 개인이기도 한 그는, 각각 다른 위치의 자신을 분리하지 않고 연결하는 실천을 끈기 있게 해 왔다. 버티기 힘들어도 올곧음을 저버리지 않는 활동가 동지들은 그의 실천하는 삶을 위한 본보기였다.


그의 기도

"역사를 같이한 것이나 다름없어. 선화동에서 용두동으로, 또 지금 대흥동으로 사무실 옮길 때마다 나도 항상 있었잖아. 어설픈 조직이 단단해지기까지 전부 봤잖아. 고생하는 사람들 보면서 이 사람들 위대하다, 대단하다, 이런 사람들이 있구나, 속으로 그런 감탄을 했었어."

박규용은 활동가들에게 강한 동질감을 느끼기도 했다. 돈이 안 되고 생활은 힘들어도 좋은 일을 한다는 보람이 있는 사람들. 분명 고된 일이지만 힘들다고 생각하지 않는 경지에 이른 활동가들을 보며 전도사 시절 차비만 받고 전국을 누비며 복음을 전하던 자신의 한때를 떠올렸다. 활동가들을 향한 그의 신뢰와 존중은 그렇게 과거의 자신과 닿아있었다. 또한 그것은 사사로움을 지우고 끊임없이 운동 현장을 지키기 위한 긍지로도 연결됐다.

전면적으로 집회 금지를 공표했던 이명박 정부와 이어진 박근혜 정부까지, 국가가 지속한 탄압은 통일운동 단체의 활동에 제동을 걸었다. 집회 허가가 나지 않았고 그로 인해 불의에 저항하는 시도는 제한되었다. 당시 박규용과 같은 종교인들은 활동가들의 보호막이 되어 신고 허가제가 필요 없는 기도회를 열었다. 기도를 통한 유의미한 연대는 사회를 변혁시키고자 하는 이들에게 용기와 의지를 더욱 불태우게 했다.

박규용은 '전국 목회자 정의평화실천협의회'라는 단체에 속해 활동하기도 하였는데 그것을 계기로 정의로운 목회자들과 관계할 수 있었다. 독재정권의 폐해 아래 성경의 복음을 역사적으로 실천하고자 창립했던 목회자들의 저항과 같은 움직임에 그가 있었다.

(

평화롭지 못한 사회를 일으키고 변화 시켜 나가는 길 위에서, 박규용의 의식이 고취될 수 있었던 이유는 매 순간 내면화하고 있던 성경 구절 덕분이었다.

　　　　화평해라. 평화케 하는 자가 복이 있다. 그게 하나님 아들이다. 성경에 기반한 그의 참여 의식은 목회자로서의 삶을 결심하고 선택한 처음부터 열렬했던 것은 아니었다. 그것은 물리적 장소로서의 교회에만 머물지 않고 소통해온 과정이 쌓아 올린 그의 결실이며 내면의 성과였다.

　　"사실 나는 어쩌다 목회자가 된 사람이야. 젊을 땐 그냥 집보다 쾌적한 동네 교회 다니는 게 취미였어. 가족 중에 교회 다니는 사람은 한 명도 없었는데 나는 교회가 편하고 좋았어. 그렇게 다니다 보니 교회 사람들이랑 친해지고, 교회에서 뭔가 역할을 맡게 되었던 거지. 군대 다녀오고 나서는 성경을 제대로 공부하고 싶은 마음이 생겨서 신학대에 들어갔어. 공부를 마치고 나니 느껴지는 거야. 과거에 편하게 교회에 다닐 때의 나와 성경을 공부하고 난 이후의 내가 달라졌다는 것을 느낀 거야. 교회를 바라보는 눈이 좀 달라지기 시작한 거지."

모두가 평등한 세상, 더 힘든 일 하는 사람이 대접받는 세상. 그런 세상을 만들어 가장 약자 편에 서라고 하는, 성경에서 말하는 하나님 나라는 까만 밤 십자가 조명이 넘쳐나는 이 나라가 아니었다. 그는 이데올로기를 생산하는 장소로 전락해버린 교회를 더 늘리는 목사가 되고 싶지 않았다.

"교회는 이데올로기가 아니야. 오갈 데 없는 사람들이 편하게 올 수 있는 그런 장소가 원래 교회야. 전쟁 치르고 분단되고 나서 '때려잡자 공산당'이란 말이 돌아다녔던 것도 이데올로기 때문이잖아. 누굴 배제하고 억압하고 무너뜨리는 역할을 하는 곳은 교회라고 할 수 없어. 교회는 누구나 올 수 있는 곳이어야 하고 평화를 이야기하는 곳이어야 해. 죄인도 원수도 만나는 장소가 교회여야 해. 교회는 모든 것을 넘어서야 해. 슬픈 건, 그런 제대로 된 성경 말씀에 따른 교회를 만들었는데 사람들이 오기를 꺼려. 남북이 통일되게 하는 일이 하나님의 자식들이 해야 할 일이다, 역사의 주체가 되어 살아야 한다, 이런 설교에 사람들이 위화감을 느끼는 거야. 교회 와서 복 받게 해 달라, 돈 많이 벌게 해 달라, 그게 아니면 자기 죄나 고백하고 가고 싶은데, 목사는 관심도 없는 말을 하고 자꾸 뭘 같이 하자니까 부담스러운 거지. 어렸을 때 자기가 다녔던 교회를 통해 가졌던 인식이나 경험이 쉽게 바뀌지 않더라고. 그러니까 편하게 말하면 나 같은 목사가 있는 교회는 장사가 안되는 거지. 수많은 교회처럼 이데올로기를 만들어서 복음화시키고 신도들을 묶어놔야 하는데 그렇게 하지 않으니까. 해방해주니까. 사람을 사람답게 만들어주는 것이 해방이잖아. 사회의 어떤 속박으로부터, 굴레로부터, 억압으로부터. 그리고 국가가 저지른 분단의 트라우마로부터. 전부 해방해줘야 하는 게 교회의 역할이고 목사의 역할이야."

사람이 있는 곳이면 어디라도 교회가 될 수 있다고 말하는 그의 예배당은 소박하다. 목회자로서 성경에 반하는 교회 공동체를 꾸리고 싶진 않은 그의 교회는 결국 사람이다. 함께하는 이들이 고루 잘 살 수 있도록 복음을 전하고 평화를 말하는 것이 목사인 그의 일이라 여긴다.

"지금 우리가 여기서 예배를 드리면 여기가 교회인 거야."

가장 약자의 편에 서서 기도하는 사람이 되겠다는 그의 의지는 이미 오래전부터 장소로서의 '교회'를 벗어나 있다. 누구나 평등하게 살 수 있는 세상을 희구하며 목회자가 된 사람 박규용. 그는 성경을 제대로 알면 누구라도 하지 않을 수 없는 기도가 평화이며 통일이라고 했다. 평화에 반하는 분단을 해결하는 것은 이 땅의 모든 차이를 존중할 수 있게 되는 세상을 만들어 내는 일, 차별에 의해 고통받는 수많은 존재들을 구원하는 세상을 만들어내는 일이라고 했다. 또한 그것은 자신의 기도가 향하는 궁극이라고도 덧붙였다.

이데올로기를 벗어던진 성직자는 자신의 남은 생 역시

인도하심에 따라 끝까지 맡길 것이라고 말했다. 정말로 신이 있다면 신의 섭리는 어디까지 닿을 것인가. 분단의 틈을 메울 수 있을 것인가.

    나는 신의 존재보다도 그 신을 통해 얻은 믿음으로 세상을 구하려는 선량한 이들의 존재를 더 신뢰하고 싶다. 그와 얘기하는 내내 나는 그 신뢰를 가슴에 새겼다.

## 제 8장

# 놓치지 않을 깃발

거리에서 집회하는 거 보면 나쁜 놈들이라고 말하곤 했어요.
배운 게 그것뿐이니까. 사실 방송 역할도 컸죠.
빨갱이니, 뭐니 자꾸 그러니까. 그때는 보이는 것이,
볼 수 있는 것이 그것뿐이었으니까.

이성휘 | 1960-

선한 눈을 가진 사람이 앞에 앉아 있었다. 처음엔 짧았던 그의 대답이 시간이 지나면서 조금씩 길어졌다. 말을 끊고 다시 잇는 사이엔 줄곧 기다림이 필요했다. 그만큼 신중했다. 어떤 이야기를 꺼내야 만족스러운 대답으로 여겨질 수 있을지 고민하는 것도 같았다. 그는 분명 자신이 살아온 이야기를 꺼내는 것에 있어 어려움을 느끼고 있었다. 그 모습에 미안함을 느끼려던 순간마다 그걸 알아챈 듯 언제 어느 순간 누군가에게 자신을 속 시원히 털어놓아 본 적 없는 것 같은 사람이 천천히 말하며 떨고 있었다.

     주목받아온 삶은 아니었으나 자신이 살아온 길이 귀중하다고 여기는 이들에게 꺼낼 이야기를 한참을 고르고 골라 그가 말했다. 노동조합을 만나지 않았더라면 살 수 없었을 거라고.

〔

"1993년인가 1994년인가. 그때 처음 노조를 만들었어요. 제 나이 서른 조금 넘었을 때에요. 그때 한창 일도 많아서 힘들었는데 노동조합하면 인건비도 올라가고 좋더라, 그런 얘기를 들었던 거예요. 우리가 팀으로 일을 하니까 보통 20~30명씩 모여 있거든요. 건설 쪽에도 여러 직종이 있는데 저는 전기 외선이라고 전봇대 가설공사 일을 했어요. 쉽게 말하자면 전기를 전봇대에서 개별 계량기로 넣어주는 작업을 전기 외선 공사라고 해요."

     고등학교 졸업하자마자 시작한 전기 외선 일은 젊은 패

기가 아니었다면 시작할 엄두조차 못 낼만큼 힘들었다. 부농은 아니어도 먹고 살만큼은 농사짓는 부모 밑에서 자란 그였지만 당시 형제 많은 집 대부분이 그러했듯 가족 구성원 각자 그저 잘 살아있으면 만족하던 때였다.

가족에게조차 관심 줄 여유 없이 먹고살기 바빴던 고단한 생활 속에서 스스로 먹고살기 위해 이성휘가 선택한 일은 자신의 몸을 귀히 여길 수 없는 일이었다. 어떠한 일도 혼자 할 수 있는 일은 없듯 그가 하는 일도 기술자가 있으면 보조가 필요했다. 최소 2인 1조로 움직여야만 가능했던 일은 같은 고등학교를 졸업한 친구를 따라다니며 익혔다. 고향 금산을 떠나 서울에서 6개월, 그러다 대전으로 온 그는 10년 경력이 넘는 베테랑이 되었을 때 건설노동조합을 만들었다.

"일용직이다 보니 노조 만들 때 다른 사업장처럼 탄압받는 일은 없었어요. 처음에 7명이 주축이 되어 노조를 결성했는데 사무실이 있어야 하니까 일단 각자 100만 원씩 내서 돈을 만들자, 그렇게 700만 원으로 시작했어요. 그러다 IMF가 왔어요."

IMF 위기 속 지역의 수많은 건설노동자가 노동조합에 합류했다. 이전까지 이성휘를 비롯한 전기 쪽 노동자들만 있던 노동조합은 다양한 분야에서 일하는 노동자들 덕분에 당시 경제 위기가 드리운 사회의 그늘 속에서 아이러니하게 활기를 띠었다. 모든 건설 노동자들이 힘들었던 시기였다. 힘든 시기를 극복할 수 있는 묘안은 없었어도 혼자 두려움에 떠는 것보다는 나은 것으로 여겨지던 노동자들에겐 노동조합이 안식처였다.

노동조합 안 했으면 내가 어떻게 살았을까.

"그런 생각을 해요. 못 버텼을 것 같아. 동지들이 있어서, 내가 몸이 이렇게 되었어도 할 일이 있다는 사실 덕분에 버틸 수 있었어요. 내가 노동조합에 몸담지 않았다면 내 모든 것을 다 빼앗겼을 것 같다는 생각이 들어요."

노동자에게 온 불상사는 당사자의 아주 일상적인 것까지 앗아갔다. 1995년 10월, 가을이었다. 30대의 젊은 나이에 겪은 노동 현장에서의 사고로 인해 그에겐 위로 이상의 것이 필요했다. 이를테면 살아있다는 확인, 살아갈 수 있다는 희망 같은 것들. 그리고 되찾고 싶은 권리까지도. 이성휘는 '노동조합이 아니었다면'이라는 가정하에 많은 이야기를 했다.

"완전 180도 바뀐 거지. 내가 바뀐 거지. 노동 조합하기 전에는 매일 일 끝나면 술, 아침에 일어나면 일, 그렇게 일과 술에만 파묻혀 살았어요. 그런 반복 속에서 자기 발전이라고 있었겠어요? 자기 발전에 대해 생각할 겨를도 없이 일이 힘들면 모여서 술만 먹고 살았지. 당시엔 거리에서 집회하는 거 보면 나쁜 놈들이라고 말하곤 했어요. 배운 게 그것뿐이니까. 사실 방송 역할도 컸죠. 빨갱이니, 뭐니 자꾸 그러니까. 그때는 보이는 것이, 볼 수 있는 것이 그것뿐이었으니까. 노동조합 하면서 처음 집회 참여했을 때는 구경꾼처럼 있었어요. 맨 뒤에 있다가 조금 앞으로 갔다가 다시 뒤로 돌아갔다가, 그러다 보니 지금은 맨 앞에 있더라고."

일과 술이라는, 다소 중독적인 일상의 반복적 습관을 깨트릴 수 있던 힘과 당장 무섭기만 했던 활동을 지속할 수 있던 힘은 같은 곳에서 기인했다. 이성휘는 흔들리는 개인을 잡아줄 수 있고 또 다수의 흔들리는 이들을 떠받칠 수 있는 곳이 있다면 누구라도 긍정적 변화를 겪을 수 있음을 자기 삶을 통해 증명했다.

소속되지 못한 일용직 노동자의 삶에서 소속된 삶으로의 전환을 가능하게 한, 소속되어 본 자만이 알 수 있는 그것의 힘.

그것.

"조직이 없으면 결국 다른 방향으로 가게 돼요."

C

혼자서는 절대 할 수 없을 만한 일을 조직을 통해서 해냈기 때문만은 아니었다. 노동조합이라는 조직을 만들고 난 뒤 경험한 일들을 토대로 자기 삶까지 귀하게 여기게 된 그였다. 스스로 노동자로서의 삶을 긍정하고 난 이후의 세상은, 자신이 바꿀 수 있을 만한 존재가 되어 있었다. 그렇게 세상이 손에 잡힐 듯 이성휘에게 닿아있었다.

그가 '민주노총대전본부' 통일위원장을 지금껏 수년간 맡아온 것도, 노동자가 주인이 되어 사회를 변화시켜야 한다는 책임 때문이다. 멀게만 느껴졌던 분단의 끝이 그의 눈앞에 있는 것처럼 느껴지던 순간도 있었다.

"2015년 평양에서 열렸던 노동자 남북축구대회가 떠올라요. 분단되어 살아가는 양쪽의 노동자들이 축구 경기를 통해 만난 건데 기분이 묘하더라고. 십만 관중이 꽉 차서 조국 통일을 외치는데 뭉클했어요. 그전까지 통일에 대해 말할 때 그렇게까지 가슴을 꽉 누르는 감정을 느낀 적은 없었어요. 남과 북이 한 민족이라는 말이 와닿지 않을 만큼 오랫동안 떨어져 살았으니까. 그런데 그렇게 만나니 이상할 정도로 뭉클하더라고요."

헤어져 살던 이들이 역동적 스포츠 경기를 통해 만나 노동자라는 동질감을 주고받았던 그 날의 벅차오르던 기분을 잊지 못하는 그에게, 통일은 부끄럽지 않게 살기 위한 과제가 되었다.

처음 노동조합 만들고 나서 그 소중한 감정을 어찌할 줄 몰라 부렸던 호기. 다 떠나고 혼자 남아도 노동조합 깃발은 지키겠다고 선언하곤 했던, 어떠한 일이 있어도 노동조합만은 지키겠다고 장담하곤 했던 그 호기로움으로 통일이 될 때까지 할 수 있는 것을 다할 것이라고 말하는 사람. 이성휘는 그런 사람이었다.

놓치지 않을 깃발

제 9장

# 당신의 불안

나는 늘 겁에 질러 있었어. 언제든 치고 들어올 수 있다는 것 때문에 늘 긴장하고 불안하고 처져 있었지.

이영복 | 1960-

후배들이 노랫말을 적어주었던 기억을 꺼내며 그의 몸이 조금 펴졌다. 2019년에서 2003년으로 다시 1993년으로, 계단을 몇 계단씩 점프하며 연도가 내려갈 때마다 떨리는 심장 박동 소리에 전신을 기울이는 것처럼 그의 몸이 반응했다. 그리고 그가 2019년으로 회귀했을 때는 다시 얼마만큼 움츠러든 상태였다. 애써 편 몸을 무언가가 자꾸 짓누르듯 그렇게 그의 몸이 부러질 것처럼 휘어지고 접혀 들었다.

"한 10년 정도 쉬었지. 그러다 2003년도였을 거야. 의정부 미군기지에 가서 노래를 부르는데 아무것도 모르겠는 거야. 후배들이 가사를 적어줘서 그거 보면서 입만 뻥긋뻥긋했지. 주한미군 철거하라고 노래를 부르는데 정말 우리 운동이 많이 발전했구나 싶더라고. 1993년도만 해도 감히 미군기지 앞에 갈 생각도 못 했고. 또 그 앞에서 철거하라고 노래 부르는 건 상상도 못 하던 시절이잖아."

그의 몸을 펴지게 만든 기억, 가능하리라 생각지 않은 일들이 벌어지던 2003년의 그는 후배들을 따라 노래를 불렀고 1993년을 생각했었다. 그리고 다시 2019년의 그는 훨씬 더 이전의 기억들과 지금을 교차하면서 야윈 몸을 자꾸만 움츠렸다 펴기를 반복했다. 일어나지 않았어야 하는 일들이었다. 일일이 부정하기에도 벅찬 기억들이 가슴에 켜켜이 쌓여 그것들의 무게가 그를 밀어내고 있었다. 그는 가만있지 않고 자꾸 다시 그 무게 속으로 들어가는 사람.

당신의 불안

움츠렸다. 폈다.

느껴지던 그 미세한 몸의 반응은 원치 않은 자기 상실을 겪고 되찾는 과정이었다.

( 

"박정희 죽고 이른바 80년 봄, 자유로운 시기에 봇물이 터졌지. 학생회도 만들고 서클도 만들고 학회도 만들고 토론도 많이 하고 강연도 했지. 독재가 무너진 거잖아. 박정희가 죽은 거잖아. 완전히 세상이 뒤집힌 거잖아."

이영복이 공주대학교 사범대학에 입학했던 1979년은 학생들이 유신독재 시대에 쓰임을 다하던 때였다. 학내엔 혁명하지 않는 이들이 드물었다. 혁명은 시대의 특별한 무엇이 아니었다. 그는 멋모르고 시작한 운동이라고 말했나. 그것은 시대에 속한 이들이 마주해야 할 현실이었으며 어쩌면 당연했을 일상이었다.

"내가 대학교 2학년 때야. 청주에서 정진동 목사님이 왔어. 그때만 해도 4년제 대학 입학자가 전국 고등학교에서 3%였어. 극소수였어. 정진동 목사님이 강연에 오셔서 뭐라고 했냐면, 너희는 혜택받은 놈들이라는 말을 했어. 젊은 대학생들이 호의호식하고 개인적으로 잘 먹고 잘살려고만 하지 말고 어렵고 소외된 민중들을 위해 살아야 한다, 민중을 위해서 복무해야 한다, 이렇게 한 30분 연설하셨는데 그게 내 인생의 좌표가 된 거지."

당시 노동자, 도시 빈민, 민주화 운동의 중심에 있던 정진동 목사의 강연은 이영복의 가슴에 신념을 꽂았다. 그것은 이전과 다른 경험이었다. 이해하고 받아들이는 것이 아닌 그것을 직접 만지고 느끼며 살고 싶은 마음이었다.

신념은 현실에 붙박였다. 운동이 삶이 된 이들을 가까이하니 보이는 것이 있었다. 모두가 치열하게 각자가 가능한 위치에서 운동을 하고 있었다. 이영복이 사회과학 서적을 탐독하고 토론과 활동을 이어갔던 학내 금강회라는 서클에 열의를 다했던 것도 그 이유였다. 정진동 목사가 말했던 민중에 복무하는 삶. 그러나 그것은 학생이었던 그가 처음 공권력의 잔인한 행태에 상처받는 계기가 되었다. 분단국가의 희생양이 되었다. 사회과학 서적은 이념 서적이 되어 금강회를 결성하고 유지한 학생들에게 화살을 퍼부었다. 2년간 투옥되어 그가 당한 공권력의 힘은 무차별한 구타와 고문에서 끝나지 않았다. '금강회 사건'이라 명명하는 그 사건이 이영복의 삶에 가져온 물결은 잦아들지 않았다.

전두환 정권의 복학 조치가 이뤄졌지만, 그는 학교로 돌아가지 않았다. 당시 전국적으로 조직된 청년운동단체였던 '민주화운동청년연합'(이하 민청련) 활동을 했고, 활동하는 도중 1986년 5월에 다시 구속되었다. 그리고 1년이 흘렀다. 그가 바깥으로 나온 1987년, 그해는 6월항쟁의 해였다.

"87년 6월항쟁 이후 7~9월 노동자 대투쟁이 일어나고 노동조합이 본격적으로 만들어졌어. 6월항쟁 전까지만 해도 민주노조 운동을 하고자 했던 사람들은 숨어서 비밀스럽게, 언제 잡혀서 소리소문없이 죽을지도 모르는, 그런 상황에서 운동을 했어. 노동 현장에 들어가 취직해서 일하는 사람, 또 어떤 사람들은 동지들을 모으기도 했고, 어떤 사람들은 노동법을 공부했고, 누군가는 풍물패를 만들기도, 야학을 운영하기도 했지. 때로는 숨어서 시간만 보낸 사람도 있었고. 정말 많은 사람의 격렬한 투쟁이 있었어. 그들의 영향을 받아 7~9월 노동자 대투쟁이 일어났던 거야. 울산 현대그룹 노동자들로부터 시작해서 전국적으로 산업 노동자들이 그때 일어났지. 각자는 성공하지 못했다며 자신을 규정하고 그래서 좌절하고, 지금은 인생을 더 고달프게 살고 있을지 모르고 이미 죽었을지도 모르는 그 위대한 운동가들이 노력한 결과물이야."

출소한 이후 이영복의 삶도 노동 현장으로 흘렀다. 6월항쟁 이전부터, 그러니까 그가 두 번째로 감옥에 가 있었을 때 가졌던 결심이 있었다. 현장을 떠나지 않는 운동가로 살아야겠다는 마음을 먹었었다. 그가 대화동 공단에 취업했을 당시엔 이미 그의 학교 후배들도 위장 취업의 형태로 공장에 자리하고 있었다. 시간이 흘러 여러 사정상 후배들이 하나둘 떠난 자리에 남아 있던 그는 그곳에서 야학을 운영했다. 이후에는 대화동 공단에 도서관을 만들어 활동하며 같은 뜻을 품은 친구들과 '대덕청년회'를 결성했다. 그 모임이 확장되어 1991년에는 '참사랑일꾼회'라는 조직도 생겨났다.

"돌이켜봤을 때 가장 많이 생각나는 건 참사랑일꾼회 만들 때 같이 했던 동지들이야. 사실 나는 조직이 만들어지고 나서 2년 정도만 같이 했지만, 후배들이 끝까지 버티고 계속 활동을 했어. 참사랑일꾼회는 지역 청년 노동자들이 모여 노동운동을 하기 위한 외곽 단체였어. 공식적으로 해산한 게 2005년인가 그래. 그땐 그런 조직 자체가 다 불법이었어. 국가보안법에 의해 이적단체로 등록돼서 탄압받는 단체도 많았거든. 나 같은 경우는 이미 모든 정부 기관에 찍혀서 감시받는 사람이었고. 국가보안법으로 감옥도 갔다 왔으니까. 하도 호되게 당하고 나온 사람이다 보니 정부에서 쉽게 건드리진 않았던 것 같아. 그런데 나는 늘 겁에 질려 있었어. 언제든 치고 들어올 수 있다는 것 때문에 늘 긴장하고 불안하고 처져 있었지."

〔

운동하지 않는 삶은 상상할 수 없던 이영복은 그러나 어느 틈에 그것을 상상해버렸다. 그가 부딪힌 한계는 잃어버린 무엇이었다. 그 무엇들은 어찌 그리도 얄궂었던가. 그가 감당할 수 없는 그것들의 반목이 그의 외부에서 내부로 침투해왔다. 이를테면 입자의 크기를 제대로 확인할 수 없을 만큼 미세하고 하얀 눈이 쌓이고 굴려져 우람한 눈사람의 몸과 얼굴을 만들 수 있을 정도의 눈덩이가 되어 달려오는 것처럼. 그 새하얗고 작은 눈 결정을 미처 들여다볼 여유 없이, 돌아보면 이미 커져 있는 눈덩이의 존재처럼. 달려드는 그것들 앞에 눈을 제대로 뜰 수 없었다. 가느다랗게 뜬 눈으로는 똑바로 마주할 수 있는 것들이 없었다.

  그는 자신을 제대로 쳐다볼 수 없을 만큼 잃어갔다. 상실의 전조였던 궁핍은 더욱 커져 있었고, 빛깔만으로도 무거운 회색 그림자는 지겹도록 그를 따라다녔다. 지치지도 않는 양 달라붙어 있는 그 무엇들. 그것들을 내쳐야만 살아질 것 같았다. 그래서 그는 떠났었다. 1993년에.

  "이 나약한 사람이 어떻게든 계속 운동을 한다고 세월을 버텨왔는데, 1993년에는 어떤 벽에 부딪힌 거지. 내가 10년을 멈춰있었어. 그렇다고 해서 완전히 운동권과 인연을 끊고 산 건 아니지만. 선거철 되면 선거에 뛰어들고 후원회 있으면 같이 하고. 그러나 어쨌든, 그땐 운동이 내 삶이 아니었던 거시. 벗어나 버린 거지. 자기 생계 때문에 운동을 그만뒀다는 건 핑계고 합리화야. 물론 생활이라는 게 또 되어야 사람이 버틸 수 있긴 하지만. 나는 금강회 사건을 겪으면서 갖게 된 트라우마가 있었어. 정서적인 불안장애가 내 안에 있었어. 경제적으로도 정신적으로도 굉장히 힘들었어."

  돈을 벌었고 빚을 갚았다. 군데군데 터지고 진물 나는 자신을 돌보며, 그렇다고 그 투쟁의 기억, 그로 인한 낙인, 고통 같은 상처와 아주 등 돌리진 않은 채로 시간을 보냈다. 다시 운동을 할 수 있게 된다면 무엇부터 해야 할지를 고민했다. 그렇게 10년이 흘렀다.

"2000년 6.15남북공동선언이 내가 다시 운동을 시작할 힘을 줬다고 해도 과언이 아니야. 학생운동 시절부터 해왔던 우리 운동의 본질을 관통하는 것이 통일이거든. 우리가 인간답게 살기 위해서는 외세의 지배와 억압, 간섭을 물리치고 자유롭게 살아야 하잖아. 그런데 우리는 미국이 온갖 것 다 간섭하고 우리 것 다 뽑아 먹고 언제 전쟁 날지 모르는 불안한 삶을 살고 있잖아."

이영복의 삶이 다시 운동의 길에 놓이게 된 것은 2000년 6월 15일 김대중 대통령과 김정일 위원장이 함께 평화통일을 선언했던 분단 역사의 중대한 사안과 맞물렸다. '6.15남북공동선언' 이후 마른 땅에 기적적으로 풀과 꽃이 자라듯 통일 운동 진영의 움직임도 활발해졌다.

전국 흐름에 따라 대전에서도 광범위한 통일운동연대조직인 '6.15공동선언실천남측위원회'와 남북한 사회문화 교류를 위한 비영리단체인 '우리겨레하나되기운동본부'를 창립했다. 이영복은 지역 통일운동 단체들이 새로이 생겨난 그 소중한 흐름을 처음부터 지금까지 주도해왔다.

"나한테 첫 장면이 있어. 초등학교 1학년 때 담임선생님, 지금도 기억하는 이름, 문양순 선생님이라고 계셨어. 1학년 첫 수업에서 그 선생님이 칠판에 한반도를 그렸어. 거기에 분단선을 단

번에 그려 넣고 이야기하는 거지. 갓 입학한 1학년짜리 애들 앉혀 놓고 그러는 거야. 나라가 분단되어 있는데 평화통일을 위해서 노력해야 한다고. 돌이켜보면 정말 위대한 선생님이지. 그땐 잘못되면 끌려가서 죽을 수도 있었어. 그런 얘기를 한다는 건 국가보안법 위반이었어. 죽여 놓고 빨갱이로 만들어. 법이란 게 그런 거야. 자기들이 만든 게 법이니까."

과거와 달리, 그에게 있어 지금의 운동은 줄곧 그를 붙잡아뒀던 트라우마에서 조금이라도 벗어날 수 있게 하는 동력이다. 오직 그에게만 전유 된 것은 아닌 그 아픔은 그런 이유로 더 중요했고 치유되어야만 했다. 이영복이 언급했던 이들. 각자는 성공하지 못했다며 자신을 규정하고 그래서 좌절하고, 지금은 인생을 더 고달프게 살고 있을지 모르고 이미 죽었을지도 모르는, 시대의 아픔을 어느 날 어느 곳에서 공유했던 이들. 그는 이제 이 모든 존재가 온전히 치유되는 날이 오게 되리라 믿어 보려 한다.

고통 속에 놓아버렸던 신념을 그렇게 다시 잡았다. 언제 완성할 수 있을지 알 수 없는 반쪽짜리 퍼즐을 앞에 두고도 막연히 절망하지 않고 꿋꿋한 후배들을 보며 그는 자주 그런 생각을 한다. 나를 잡아줘서 고맙다고. 깊게 주름진 불안의 자국을 펴고 또 펴니까 또 살아지더라고.

## 제 10장

# 양키 고 홈

그 당시는 미국이 분단국가인 대한민국에 끼치는 영향이
어마어마하다는 사실을 공론화하는 게 힘들었어요. 운동권
안에서도 반미의식을 공유하는 세력은 많지 않았다고 보면 돼요.
미국에 반하는 것은 곧 이 사회에서 매장당할지도 모른다는,
그런 위험을 감수해야 한다는 의미였으니까요

유병규 | 1962-

네 이웃을 사랑하라는 종교의 가르침이 사랑할 수 없는 대상 앞에서는 무력했다. 그들은 이웃이라 호명하기에도 적절하지 않은 존재였다. 마치 한마을에 산다는 이유로 마을 주민 모두를 자신의 이웃이라 말할 수 없는 현대인의 일상처럼, 첨예한 정치·경제적 논리와 계급구조에 의해 분리된 국가와 국가는 서로를 이웃이라 말할 수 있는 형편이 못 되었다. 컵 안에 동시에 붓자마자 분리되는 물과 기름처럼. 하나가 올라서면 나머지 하나는 가라앉을 수밖에 없는. 절대 어우러질 수 없는 존재가 제국주의·식민주의 질서 하에 놓여 있는 국가와 국가였다.

"1989년이에요. 정확한 날짜는 기억하지 못하는데 당시 제가 일하고 있던 '한국기독청년협의회'라는 단체에 제보가 들어왔어요. 미8군이 대전으로 이전한다는 내용이 미국 잡지에 실렸다는 거예요. 잡지 이름은 정확히 기억나지 않아요. 어쨌든 그 잡지를 찾아봤었어요. 실제로 그 내용이 실려 있던 거죠. 당시 우리나라 언론에서는 전혀 보도가 안 된 상황이었어요."

반미주의가 사회적으로 드러나게 된 시작은 1987년 6월 항쟁 이후이다. 신군부 쿠데타 세력이 무차별적으로 국민을 탄압했던 1980년 5.18민주화운동을 거치고 6월항쟁에서 승리하면서 국민의 민주주의에 대한 열망과 사회를 바라보는 눈은 급격히 상승했다.

그즈음 미국에 대한 비판 역시 거세어졌다. 당시 군부독재의 연장선과 다름없는 노태우 정권에 대한 저항으로 인해 사회 분위기가 어수선하기도 하였지만, 미군에 대한 대중적 반감은 1980년대 들어 주한미군 범죄가 급증한 것이 결정적 이유였다.

주한미군 범죄에 관한 미지근한 대처는 불공정한 '주한미군지위협정'(이하 SOFA 협정)에서 기인한, 이른바 갑과 을의 관계로 표현할만한 기울어진 한미관계를 적나라하게 드러냈다. 1950년 한국전쟁의 구원자로 상징화되어 왔던 미국에 대한 우호적 이미지는 그렇게 가라앉았다.

"부랴부랴 국방부와 미군 부대에 서면으로 문제를 제기했어요. 어떠한 답변도 오지 않았죠. 그땐 지금처럼 밤에 촛불 집회할 수 있는 분위기도 아니었어요. 그래도 일단 어떤 활동이든 시작해야 했어요. 처음엔 작은 스티커를 만들었어요. '미8군 대전 이전 반대합니다.'라는 문구를 넣은 스티커를 버스 탈 때마다 붙이고 다녔어요. 그땐 돈도 없을 때라 그 작은 스티커 만드는 것도 힘들었어요. 또 스티커를 찍어주는 데가 없었어요. 그런 내용을 찍어줬다가 걸리면 그 인쇄소는 영업 못 하거든요. 밤에 가서 몰래 찍었어요. 그때는 공안정국이에요. 더 적극적으로 활동하고 싶어도 한계가 있었던 거죠."

미군 범죄의 잔악성이 사회적으로 알려지면서 점점 짙어진 미군 주둔에 대한 반감과 혐오. 미8군이 대전에 주둔하게 된다는 사실이 공론화되면서 꿈틀댄 대전에서의 반미운동은 격렬했다. 당시 미8군 대전 이전 반대 운동의 주축이었던 유병규가 말했다. 그 격렬함은 어느 유해시설의 진입을 반대하는 수준 이상의 것이었다고.

"대전 은행동에 목척교가 있잖아요. 1989년 당시 그 목척교를 건너가면 양쪽에 큰 건물 두 개가 있었어요. 지금은 없죠. 중앙데파트와 홍명상가라는 건물이에요. 그 앞에 판을 깔았었죠. 지나가는 시민에게 SOFA 협정이 얼마나 불공정한 것인지에 대한 내용을 넣은 전단지를 나눠줬어요. 주한미군의 범죄 사실과 그들이 한국에 주둔하는 동안 국가가 감당해야 할 경제적 비용 등의 내용을 적나라하게 넣어 배포한 거죠."

"반미운동에 적극적이었던 학생운동 세력들도 열심히 참여했지만, 전교조 교사들과 중·고등학생들이 투쟁에 가담하기도 했었어요. 그땐 노태우 정부가 전교조를 탄압하던 시기예요. 홍명상가 건물 앞에서 전교조 교사들이 탄원서를 돌리고 서명운동을 하기 시작한 거야. 제자들도 많이 나와 있었어요. 시위 와중에 교사들이 제자들에게 한국의 근현대사 교육을 틈틈이 했어요. 자연스레 미8군 대전 이전 반대 운동의 필요성이 더욱 알려진 거죠. 전교조 교사들이 너무 순수했어. 저런 사람들이 무슨 운동을 한다고 하지? 생각될 정도로 순수한 분들이 많았어요. 그분들과 그 제자들까지 전부 현장에서 함께 반미투쟁을 외칠 수 있었던 걸 잊을 수가 없어요. 아, 이게 연대구나. 연대가 이렇게 중요한 거구나. 그때 많이 느꼈어요."

양키 고 홈

"그렇게 대중적으로 몸집을 불려서 '미8군 반대 대책위원회'를 만들었어요. 아마 1990년, 1991년 즈음이었던 것으로 기억해요. 그때 힘들었었죠. 국가보안법으로 수배를 받았어요. 담당 정보과 형사가 저한테 조심하라고 압력을 넣기도 했어요. 그땐 제일 무서운 게 국가보안법이잖아요. 눈이 벌겠을 때에요. 다 뭐로 보이냐면 안기부로 보이고 보안대로 보이고. 매일 쫓겨 다녔어요. 일상적인 삶은 없었던 거죠. 오기가 생겨 오히려 잡혀가길 원하기도 했어요. 그것을 계기로 대중이 더 일어설 수 있다면 좋겠다고 생각했어요. 언젠가 그런 일도 있었어요. 집회하면서 돌아다니면 싸움도 나고 위험할 때가 종종 있잖아요. 한 번은 집회하러 돌아다니는 와중에 잡혀갈 뻔한 적이 있었어요. 중앙시장 부근이었는데 당시 중앙시장 떡볶이집 사장님이 도와준 거예요. 아주머니가 막아줬어요. 학교에서 지식으로 배운 소통이 아닌, 진짜 소통을 느꼈던 때는 그때가 처음이었어요."

❦

유병규의 나이 스물여덟이었다. 청년은 취직하고 결혼을 하는 등의 미래를 설계해야겠다고 생각해본 적도 없이 운동에 세월을 바쳤다. 그가 개인적 삶을 고민해 볼 여유 없이 보냈던 시간. 내가 알고 싶은 그의 시간에서 그는 발붙이고 사는 땅의 평화를 위해 운동을 선택했다.

"그때 돈이 없어 굶으면서도 그렇게 격렬하게 운동을 했는데 돌이켜보면 부족한 것이 많았다고 느껴요. 지금 음악치료 일을 하고 있지만, 이 일을 하면서도 근현대사 공부의 필요성을 느끼고 있거든요. 제가 어떤 노래를 부르면 사람들이 그걸 들으면서 막 울어요. 왜 눈물을 흘리는 걸까? 생각이 꼬리에 꼬리를 물다 그 음악이 언제 만들어졌는지까지 알고 싶어 역사를 파헤치다 보면, 어느 시대의 내가 잃어버리고 부족했던 게 다 생각난단 말이에요. 저에겐 1989년이 그래요."

그가 기타를 메고 있는 모습에 시선이 갔다. 자신이 운동했던 때와 달리 지금은 일방적인 구호 운동의 방식 말고도 다양한 소통을 할 수 있는 운동이 필요하다고 말하는 그를 변화시킨 건 다름 아닌 음악이다. 고등학생 시절부터 밴드를 했지만, 대학 입학 후 학생운동을 하고 운동가로 살면서는 기타를 메고 도망 다닐 수가 없었기에 내려놓았다는 기타. 그 기타를 유병규가 다시 메고 있었다.

"우울증이 있는 사람들을 만나서, 치매 노인을 만나서, 마약중독자, 성 중독자를 만나서 음악치료를 해요. 나도 그런 경험이 있지만, 대부분의 사람이 자신의 병을 인정하지 않으려 해요. 내가 우울한 것을 참지 못하는구나, 내가 분노 조절을 잘 못 하는구나, 그렇게 인정하고 치료하면 괜찮은데 받아들이기 어려워해요. 세상이 자신을 이렇게 만들었다고 탓을 하면서 자신의 문제를 받아들이지 않으니 해결 방법을 찾을 수가 없어요."

"저는 분단 문제도 마찬가지라고 생각해요. 세상에 온갖 갈등이 있잖아요. 남과 북의 갈등도 그 수많은 갈등 중 하나라고 생각하면 좀 더 편해지지 않을까요? 남과 북이 갈라선 지 얼마나 오래됐어요. 그 오랜 시간 동안 벌어진 간격을 좁히려면 서로를 인정하는 방법밖에 없어요. 무력으로 상대를 밀고 들어가는 것이 아니라 상대를 받아들여야죠. 서로 존중해야죠. 그래야 통일이 가능할 수 있다고 봐요."

과거 자신이 경험한 운동의 기억과 지금의 삶을 연결해 살고 있다고 말하는 유병규의 잔잔한 미소가 지금껏 선연하다. 아픈 사람들을 상담하고 음악으로 치유하는 유병규의 일은 정말로 과거 그의 운동과 닿아 있었다. 음악가로 타인을 구원하는 동시에 자신을 구원하는 지금의 일과, 운동가로 세상을 구원하며 자신의 삶을 다잡았던 과거의 그는 같은 사람이다. 그는 여전히 평화를 사랑하고 꿈꾼다.

## 제 11장

# 어떤 착각으로부터

민주주의민족통일대전충남연합이라는 단체에서 일할 때에요.
아무리 보도 자료를 내도 언론에서 받아주질 않는 거야.
어느 날은 심지어 기자가 내 옆에서 기사를 막 써요.
그런데 아무리 기다려도 지면에 안 올라오는 거야.
물어보면 편집부에서 잘렸다, 이런 말만 나와요. 그래서 내가 직접 기사를 써야겠다. 그때 그런 마음을 먹었어요. 월간 말, 한겨레21, 인권하루소식 등에 지역 통신원부터 시작했어요.
시간이 흘러 오마이뉴스가 창간했죠.
단체 활동을 기사로 송고할 수 있었고 알릴 수 있었어요.
그러다 진짜 기자가 된 거예요.

심규상 | 1967-

다른 누군가에 의해 절대 써지지 않는, 혹여 썼다고 할지언정 그것이 밖으로 드러나는 일 없이 사라져 버리는. 세상엔 그런 일이 정말로 있었답니다, 라고 아주 쉬운 말로 치부해 버리기엔 아까운 그런 사실을 쓰고 싶었던 사람은 정말로 그렇게 쓰는 사람이 되었다. 그 의지와 어떤 기회가 맞물려 직립한 쓰는 사람으로서의 삶이 있는 그대로 쓰고 싶었던 것들은 무엇이었을까.

누드화를 그리는 화가가 실오라기 하나 걸치지 않은 인간 육체 본연을 그려낸다면, 심규상은 그 그림만으로 알 수 없는, 알 수 없기 때문에 드러나지 않은 인간 내면이 부딪히며 경험한 현실의 겹들을 직접 벗겨내며 쓰는, 이를테면 그는 그런 사람이었다.

그는 무엇을 써 내려갔고 그 속엔 또 누가 살았을까. 한순간 드는 생각을 붙들고 그가 경험한 현실의 궤적을 조금씩 따라가 보았다. 마치 단단하고 무른 것들의 켜가 자아낸 나뭇결을 속속들이 훑어 내리듯이, 오래 산 나무의 것과 같은 그 사람의 파란만장한 어느 순간들을 나 역시 한 겹 두 겹 벗겨냈다.

그에게 저널리스트가 지녀야 할 어떤 사회적 책임, 그에 관한 확신 또 예리함 같은 것들이 분명 있다고 느낀 건, 그가 기자라는 직업에 임하면서 지닌 철학 때문이었다. 그에게는 사회의 날카로운 눈과 귀와 발과 손이 되기 위한 수단으로 직업이 존재한다. 그 눈과 귀와 발과 손이 될 수 없다면 기자라는 직업은 그에게 맞지 않는 안경이고 어울리지 않는 옷이며 발을 편히 넣을 수 없

어떤 착각으로부터

는 신발과 같은 것이다.

그래 왔다. 기자라고 호명되기 시작한 처음부터 지금까지 그래 왔다. 볼 수 있는 것만 보지 않았고 들리는 것만 듣지 않았다. 닿기 어려운 곳을 향해서 갔고 그러한 과정을 통해 얻은 것들을 써왔다. 사명감은 그를 통해 존재했다.

"항상 스스로는 운동을 하고 있다는 생각으로 기자를 했어요. 그런데 운동을 같이했던 후배, 친구, 선배들이 어느 날부턴가 나를 동시대에 같이 살아가는 동지로 보는 것이 아니라 그냥 기자로 보더라고요. 그런 부분 때문에 가끔 회의가 들어요. 혼자서 하지만 늘 같이한다고 생각해왔는데 다른 사람들은 넌 그냥 언론인이지, 무슨 그걸 운동이라고 해, 이런 말을 해요. 그럴 때마다 서글퍼요. 그렇지만 그건 내가 감내해야 하는 부분이라고 생각해요."

운동가는 과연 누구인가.

운동할 수 있는 영역은 분명 확장되었다. 나는 그가 쏟아내는 말을 들으면서 생각했다. 시대의 변화와 새로운 가능성에 따라 운동 영역을 옮겨 자신이 할 수 있는 방식으로 움직이는 사람에게 운동가를 규정해온 관습적 잣대를 들이대는 것이 과연 맞는 것인가.

그런 의문이 들게 한, 그러니까 심규상의 경우처럼 '운동'이란 이름을 붙이진 않았지만 다양한 분야에서 사회에 필요한 일을 하는 조금 다른 존재들을 운동가가 아니라고 치부해 버리는 사람들. 그런 사람들을 그저 다변화된 사회에 적응하지 못한 존재라고 정의하며 끝낼 일은 아니라고도 생각했다.

문제는 운동가를 대하는 사회의 태도에 본질이 있다. 사회에서 수없이 인정받지 못하고도 끊임없이 분투해온 운동가들. 그들 개인이 처한 각각의 현실은 전부 다를 것이며 또 복잡하게 얽혀 있을 것이다. 대부분이 힘들 것이다. 그들이 '다른' 운동가에게 던지는 냉소가 가능한 건 아마도 그런 복잡한 사정 때문일 것이다.

하지만 모두가 그렇진 않다. 내가 만난 사람 중에는 '그렇지 않은' 운동가들도 있었다. 아주 오래전부터 지금까지 심규상이 걸어온 길을 알고 있고 그래서 기억하려 하고 또 자꾸만 기억해내는 사람들. 심규상이란 이름을 먼저 내놓지 않아도 그를 말하는 사람들이 있었다.

다 규상이가 알 거야.

걔가 다 했어.

물으면 자주 돌아오는 대답이었다. 많은 수의 지역 운동가들이 심규상이란 이름을 망설임 없이 꺼냈다. 누군가에게는 그가 없었으면 안 되었을 거라는 말도 들었다. 지금의 심규상이 하는 일을 운동이라 정의할 수 있는지, 또 아닌지에 관해 논쟁을 벌이지 않아도 되는 이유가 거기 있었다. 그렇게 또 다른 운동가들의 이야기를 듣는 것은 오랜 세월 유지해온 심규상 개인의 신념이 공적 신뢰가 되어 있는 것을 발견하는 일이기도 했다.

어떤 착각으로부터

정말 다 했고 다 알고 있느냐고 내가 그에게 물었을 때 그의 선한 눈매에 희미하게나마 범상치 않은 기운이 올라 있었다. 지역 운동을 되짚어보는 일은 기억이 선명한 편인 그에게도 복잡하고 정리하기 어려운 성질의 것으로 다가오는 느낌이었다. 정말 다 했고 다 안다는 그 이야기를 하자면 운동가로 살아온 자신에 관해 먼저 말해야 했기에, 그 다난한 과정에 놓여있던 삶의 조각들을 꺼내 붙여야 했기에.

☾

"제가 1986년도에 대학 입학을 했는데 사립대학교인 만큼 학비 걱정이 좀 많았어요. 당시 부모님은 담배 농사를 지어서 학비를 대겠다고 하셨죠. 충북 영동군 용화면, 20호 정도가 사는 그 시골 마을에서 제가 1호 대학생이었어요. 어렵게 대학을 갔으니 어떻게든 학비를 대주려 노력하셨어요. 그런데 입학하자마자 몇 달 안 돼서 전두환 정부가 농작물 수입 개방 중 양담배 수입을 결정했어요. 위기의식을 느꼈죠. 부모님이 대주시겠다는 학비가 어려울 수도 있겠다. 내가 졸업할 때까지 담배 수매가가 버틸까? 이제 학교 다니기 그른 것 아닌가. 그런 생각을 하고 있던 와중 어느 날은 수업이 끝나고 집에 가려는데 학교에서 학생들이 데모를 하더라고요. '양담배 수입 개방 저지'라는 문구도 기억나요. 한 30명이 모여 있었어요. 그때 어떤 생각을 했느냐면 이 학교에 나처럼 담배 농사짓는 농가가 있나 보다. 여기 모인 사람은 전부 담배 농사짓는 집 자식들 인가보다. 그래서 이렇게 데모를 하나 보다. 그럼 나도 해야지. 그렇게 데모를 한 거예요."

"어느 날은 최루탄이 터지는 와중에 교문 앞에서 데모를 열심히 하다 끝나고 집에 가려는데 저 밑에 있는 할머니 막걸릿집에서 누가 날 부르는 거예요. 같이 데모했던 선배였어요. 막걸리 한잔하고 가라더라고요. 그래서 같이 술을 마시면서 제가 그랬죠. 고마워서 술값을 내고 싶다고 했어요. 안 된대. 정말 고마워서 그런다고 재차 얘기했더니 왜 고맙냐고 물어요. 그래서 대답했죠. 양담배 수입 개방을 저지하니까 얼마나 고맙냐고. 그렇게 얘기한 다음 제가 물어봤어요. 선배네 집은 담배 농사 몇 단 짓느냐고. 담배는 그 규모를 1단, 2단, 3단 이런 명칭을 붙이거든요. 1단을 포기로 치면 1,300포기쯤 돼요. 그런데 술집에 모여 있던 같이 데모한 사람들이 담배 농사를 안 짓는대. 아무도. 몇 단이냐고 물어보니까 그게 무슨 소리냐고 그래. 당황했어요. 하지만 더 당황스러운 건 착각으로 시작했던 운동을 제가 멈추지 않았다는 거예요. 담배 농사도 안 짓는 분들이 담배 농가를 위해 이런 수고를 하는구나, 그러면 저도 감사하니까 돕겠다, 이런 마음으로 데모 쫓아다니다가 데모꾼이 됐죠."

어떤 착각으로 인해 운동을 시작했다는 그의 이야기가 재미있어 한참을 듣다가 문득 궁금했다. 그렇게 시작한 운동이 어떻게 지금까지 이어져 올 수 있었는지를 말이다. 그 과정이 녹록지 않았을 것이 분명한 운동은 착각만으로 버틸 수 있는 것이 아니었을 텐데. 착각 이후의 다른 무엇인가가 있을 것이라 여겨졌다.

"그 당시 격렬했던 학생운동은 기층 민중으로 표출되는 그런 사람들 문제에 천착하고 있었어요. 대표적인 것이 농민 문제죠. 제 고향, 우리 시골이 두메산골이거든요. 동서남북이 산으로 막혀 있어요. 농사지을 땅도 많지 않았고요. 한 가구가 농작할 수 있는 땅이 적었고 그만큼 농작물 생산량도 많지 않았어요. 생산량을 늘리려면 산을 개간해야 할 정도였으니까요. 열악했어요. 그러니까 운동을 하면서 듣고 공부하는 이야기들이 쏙쏙 와닿았죠. 내 삶으로 공감이 되는 거였으니까요. 한 1년을 선배들한테 붙잡혀서 학습을 받고 세미나를 하면서 생각했어요."

나는 운동만 하고 살아야지.

국어국문학과에 진학한 그는 교사의 꿈을 키웠었다. 그러나 학년을 거듭할수록 접히고 접힌 그 꿈은 그의 내부에서 자취를 감추었다. 4학년이었던 그는 교직 이수의 마무리 단계인 교생 실습을 가지 않고 그 기간에 삭발 단식을 하는 것으로 입학과 동시에 가졌던 그 꿈과 완전히 작별했다. 당시 교육학 담당 교수가 그를 찾아와 교생실습은 다녀오라고 울며 말하기도 했고, 그의 지도교수는 영어 공부를 하라며 외국어학원 수강증을 직접 끊어서 그에게 가져다주기도 했다. 그때마다 그는 거절을 표하며 말했었다.

데모 못 하게 막는 방법도 가지가지군요.

학교는 학생운동을 저지하기 위해 없는 학점을 만들어내기도 했다. 대학에 남아 후배들의 총학생회 활동을 지원하고자 졸업을 미루고 싶었던 그에게도 없어야 할 학점이 생겨나 있는 일이 있었다. 그가 졸업 유예를 위해 일부러 출석도 하지 않고 시험도 치지 않았던 어떤 과목의 경우가 그랬다. 졸업자 명단에 심규상이 있었다.

그로서는 이해할 수 없는 일이었다. 그는 이해하기 어려운 일을 순순히 받아들이기보다 저항하는 것에 더 익숙한 사람이었다. 왜 F를 주지 않았냐고, 교육부에 진정을 내겠다며 교무처장을 찾아가 집요하게 굴었다. 그랬더니 그 과목의 담당 교수가 찾아왔다. 그가 원하는 대로 F를 주자면 자신이 시말서도 써야 하고 어렵고 복잡한 문제라며 사정을 하는 통에 그는 결국 할 수 없이 졸업했다.

1990년이었다. 당시의 대학들은 격렬히 운동했던 학생들을 졸업시키는 일에 사활을 걸었다. 운동권에 몸담은 수많은 학생 중 한 명이라도 제때 졸업을 시켜야 학교가 편안할 것이라는 계산이 있었던 것이다.

"졸업 이후에도 학생 조직들을 도왔어요. 그러던 와중 3당 합당이라 해서 집권 기반이 취약한 노태우 정부가 야당인 김영삼, 김종필과 야합해서 연합정부를 구성한 일이 벌어졌죠. 3당이 합당을 했고 민자당(민주자유당)이라고 이름 붙였어요. 그 일은 야당이 군사독재정권의 후신이라 할 수 있는 노태우 정부와 야합을 했다는 의미에서 심각한 문제였어요. 야당에 표를 줬던 사람들을 기만하는 일이었으니까요. 그 3당 합당을 저지하기 위한 전대협에서 구국 결사대를 뽑는다고 해서 지원했어요. 민자당 중앙 당사를 점거했고 구속됐었죠. 2년 넘게 형을 살다가 만기 출소했어요."

"당시 결사대를 자원하면 무조건 구속되는 상황이었어요. 점거 농성이기 때문에. 그때 경찰이 민자당 중앙 당사 건물을 동서남북으로 에워싸고 있었어요. 옥상에서도 사방으로 경호를 했어요. 경찰이 철통보완을 했던 거죠. 결사대는 스무 명 안팎이었어요. 출근하는 회사원 복장인 양복을 입고 속에 화염병, 쇠 파이프를 숨겨서 이렇게 걸어가다가 사전 약속에 따라 신호를 주면 일제히 화염병을 던지면서 안으로 뛰어 들어갔어요. 미리 준비해 둔 현수막을 중앙당사 건물에서 내리고 구호 외치면서 끌려 나왔어요. 화염병 처벌법, 무조건 뚫고 들어가야 하니까 폭행에 잘못해서 불까지 나서 방화, 기물파손, 뭐 별의별 죄목이 다 붙었죠. 구속을 염두에 두고 간 선택이었어요. 실패하면 훈방될 수도 있었겠죠. 예를 들어 화염병을 던지기도 전에 잡혔거나 잠입을 못 했다면. 그런데 성공했어요."

최악을 각오하고 결사대를 지원했던 터라 구속 통보 앞에서 꽤 덤덤했던 자신과 달리 가족의 충격은 컸다. 아들이 교사가 될 것이라고 믿고 있던 집에서는 그가 출소할 때까지 면회 한 번이 없었다. 특히 그의 아버지는 본인도 면회를 가지 않았지만, 가족 구성원 모두에게 면회를 금지할 정도로 감정이 격해져 있었다. 아들에게 호적에서 파내겠다고 엄포를 놓기도 했다. 구속으로 인해 심규상이 고통받았던 것은 그 이유였다. 구속당해 출소할 때까지의 2년여 동안 그에겐 부모님을 이해시키는 것이 가장 어려운 숙제로 느껴졌다.

   출소하는 날은 아무도 마중 오지 않은 안동교도소 앞에서 묘한 기분을 느꼈다. 안동에서 고향인 충북까지 하루에 갈 수 없어 대전에서 하루를 잤다. 이튿날 집으로 돌아가 안방에서 큰절을 드리려는데 그의 아버지는 절을 안 받겠다며 홱 돌아앉아 있다 방문을 열고 밖으로 나가버렸다. 그리고 어머니. 그의 어머니는 수육을 한 상 가득 차려 왔다. 개고기라고 했다. 웬 개고기냐고 물었더니 아버지가 키우던 개를 지금 잡았다고 했다. 어머니의 말이 끝나자마자 쫓아 나가 보니 집에 들어올 때 마당 앞에 서 있던 큰 개가 없어진 상태였다. 아버지. 그의 아버지는 감옥 생활을 오래한 자식의 몸보신을 위해 잘 따르던 개를 잡았다. 키우던 개가 인간의 사랑을 증명하고 확인하는 도구처럼 쓰였던 그 날. 감옥에서 돌아온 아들의 큰 절을 받지 않고 마당으로 나가자마자 자신을 향해 꼬리를 흔드는 개를 고기로 만들어야 했던 아버지의 심정. 그 모든 과정을 지켜본 뒤 기름진 상을 차린 어머니의 심정. 감옥에 가는 것보다 그것들을 아는 일이 더 두려웠던 그때를, 잊을 수 없는 그 날을 말하는 심규상의 목소리가 조금 갈라져 있었다.

〔

1992년 가을, 그는 다시 지역으로 돌아와 운동에 뛰어들었다. 학생 시절부터 졸업 이후 그리고 감옥에서도 그가 운동가이지 않았던 적은 없었지만 이번에는 조금 달랐다. 여전했지만 달라졌음이 분명했던 그때, 심규상은 지역 운동권 안에서의 역할과 책임이 더욱 커진 입장에 놓여 있었다.

"당시 민주주의민족통일대전충남연합(이하 연합)이 대전충남지역의 투쟁 구심체였어요. 1992년 2월에 결성한 연대조직인데 전교조, 여성, 청년, 종교, 노동자, 농민, 대학생까지 다양한 조직들을 아우르는 일을 한 거죠. 대전충남지역의 진보 단체가 아우러져 있는 결사체였던 거죠. 조직안에 다양한 분야의 가치가 망라되어 있잖아요. 그런 조직에서 상근하는 거니까 말 그대로 다 할 수밖에 없던 거죠."

"연대하는 단체들의 현안에 전부 관여해야 하니까 아예 그 부문 운동을 지원하는 역할을 했어요. 예를 들어 지금은 전교조가 조직력을 수만 명 갖추었고 사무국장, 대변인도 있잖아요. 당시에는 농민, 노동자, 교사 조직 대부분의 상근자가 1명이거나 아예 없거나 했어요. 예를 들어 어느 연대 조직에서 집회한다고 하면 집회 신고부터 시작해서 집회 세팅, 회원 조직 동원, 지원 투쟁까지 연합에서 해줬던 거예요. 역량을 키워주는 거죠. 제가 연합을 처음 결성할 때, 그러니까 1992년부터 연합에서 8년을 상근했어요. 지금에 와서 그 활동을 돌이켜보았을 때 보람을 느끼는 것은, 부문 운동이 스스로 자립할 수 있도록 연합이 지원했다는 점 때문이에요."

1992년 결성한 연합은 대전충남지역 민족민주운동의 정치적 대표체였다. 시민사회 운동과의 연대를 구축하여 대중 투쟁을 위한 폭넓은 조직체를 구성하고자 했고, 신앙·사상·정치적 입장의 차이를 연대를 통해 화합하여 민족민주운동의 단결 구심이 될 수 있도록 했다.

당시 기층 민중이 전체이자 중심이었던 운동의 분화가 일어났었고, 시민운동이라 일컫는 부문 운동의 형성 과정 중심에 연합이 있었다. 각 부문 운동 조직들은 연합의 품 안에서 준비했고 나아갔다.

연합의 조직부장으로 활동했던 심규상은 '민주화실천가족운동협의회'(이하 민가협)라는 단체의 간사직을 맡기도 했다. 민주화 운동을 하다 구속되었고 고초를 당한, 수를 세기도 어려울 만큼의 많은 학생이 있었다. 거꾸로 뒤집고 싶은 현실이었다. 민주화의 과정에서 짙은 상흔을 입은 그 학생들의 가족이 모여 결성한 단체가 '민가협'이었다.

어떤 착각으로부터

"제가 구속된 경험이 있으니까 이분들을 돕는 데 보탬이 되겠구나. 그런 마음이었어요. 부모님 생각도 났고요. 처음엔 회의 운영을 도와 드렸어요. 전국 돌아가는 얘기와 같은 정보도 공유하고 어떤 결정을 위한 과정에서 판단을 도왔던 거죠. 한 달에 한 번씩 회의할 때마다 갔는데 사실 회의를 하면 일이 늘어나잖아요. 회의를 거듭하고 그에 따른 일을 하다 보니 어느 틈에 간사가 되어 있던 거예요. 그렇게 겸직을 했었죠."

겸직은 심규상의 역사에 가장 많이 쓰일 단어일지도 모르겠다. 연합에서 조직부장으로 일하면서 민가협의 간사를 겸직했고, 이후에는 연합의 조직부장 겸 대변인도 맡았다. 실상 그는 더 비밀스러운 차원의 겸직을 하고 있기도 했다. 그가 연합의 조직부장과 대변인으로, 또 정책실장에서 사무처장의 순으로 직책을 여러 차례 옮겨가는 동안에도 꿈쩍하지 않았던 그의 또 다른 겸직에 관해 말하자면 시간을 또 한 번 돌이켜야 했다.

"감옥에서 그 사건을 처음 접했어요. 1991년 안동교도소에 수감되어 있을 때 시사 잡지인 월간지 《말》을 정기 구독했어요. 아직도 기억나요. 1992년 2월호였어요. 표지에 대전형무소 망루 사진이 걸려 있고 그 아래에 '대전 형무소 4,300명 학살 사건'이라는 소제목이 있었어요. 바로 잡지를 열었는데 칼질이 되어있고 표지에 실린 그 부분의 내용만 없는 거야. 수십 페이지가. 잘라낸 거지. 검열반에서. 감옥에 관한 얘기니까. 그 길로 혼자 교무과에 갔어요. 독방에 있었는데 체육 한다고 문을 따주는 순간 쏜살같이 교무과로 내달렸죠. 그렇게 했을 때 분명 징벌방에 가게 되는 상황인 걸 알면서도 쫓아가서 난리를 쳤죠. 이거 내놔라. 말하곤 거기 드러누웠어요. 그 칼질해서 잘라낸 부분을 나에게 주기 전엔 못 가니까 잡아 가두든지 해라, 이랬죠. 한 시간 정도 그러고 있으니까 교무과장이 교도관에게 그랬어요. 줘 버리라고. 그래서 어렵게 그걸 읽었는데 산내 민간인 학살사건 르포집, 증언록이 있었던 거죠. 그때 그런 생각을 했어요. 감옥에서 이런 일이 있었구나. 지금 전쟁 나면 똑같은 상황이 되겠구나."

"감옥에 있을 때 실제로 그와 비슷한 사건이 있었어요. 경교대라고 군 복무를 대신하기 위해 교도소에 온 사람들이 있었어요. 어느 날은 내가 운동을 하러 나가 있었는데 교도소 망루에서 경계 근무를 하던 걔들이 소총을 나한테 겨누는 거야. 그래서 올려다보고 소리 질렀죠. 야 이 새끼야 어디에다 총을 겨눠 인마 총 안 치워? 옆에 같이 운동하러 나온 사람이 그냥 넘어갈 일이 아닌 것 같다고 제안해서 연좌농성을 했죠. 보안과장 나와서 사과하라고요. 시끄러우니까 보안과장이 와서 사과를 해요. 사과하고 나서 뭐라고 하냐면 정치범들이 수십 명 모여 있는데 운동을 한꺼번에 시켰다고 교도관들을 질책하는 거예요. 원래 운동은 두 명씩 시켜야 한다면서요. 보안과장이 교도관들한테 한 말이 있어요. 규정에 따라 한 사람씩, 두 사람씩 데리고 나와야지 한꺼번에 데리고 나와서 적들을 이따위로 관리하냐고요. 그 '적'이라는 단어 때문에 또 한 번 난리 났었죠."

전쟁 위기가 고조되는 일은 비일비재했지만, 그즈음의 위기는 더욱 숨 가쁘게 몰아닥치는 형국이었다. 1993년 북한의 'NPT'(Nuclear nonproliferation treaty의 약칭: 핵확산 금지조약) 탈퇴를 계기로 미국 빌 클린턴 정부는 영변 핵시설 폭격을 공표했다. 결국, 그것이 전쟁으로 이어졌을 때 발생할 수 있는 어마어마한 사상자 수를 고려해 미국은 공격적이었던 그 판단을 취소했지만, 전쟁 위험에 관한 불안은 도처에서 사그라지지 않았다.

숨만 잘못 쉬어도 전쟁으로 인해 죽을 것만 같던, 쥐면 바스러질 것 같은 시들어 마른 잎처럼 그렇게 살던 시대였다. 미국의 선택에 의한 현실을 벗어날 수 없는 국가는 식민국가의 어떤 숙명처럼 그 위기감과 불안을 안고 살았다.

심규상은 출소 후 1995년부터 대전 '산내 민간인 학살' 관련 조사를 시작했다. 연합 일을 하고 있을 때였다. 연합 사무실에서 조사 결과를 토대로 한 진상 보고 형태의 발표를 하려 했지만, 조직의 반대가 컸다. 당시는 신공안정국을 연출하고 있던 김영삼 정부의 집권 시기였고, 그러한 이유로 그의 발화는 무산되었다. 발화와 동시에 조직을 향해 칼날과 같은 탄압이 드리울 것을 모두가 알았고 조직 구성원의 대부분은 그것을 피하고 싶었다.

그 후 1999년, 영동 '노근리 양민학살사건'이 수면 위로 드러나는 것을 기회 삼아 묵혀두었던 '산내 민간인 학살사건' 조사 결과를 알리면서 드러나지 않았던 문제를 공론화했다. 그때의 그는 '대전참여자치시민연대'(이하 참여연대)라는 조직의 기획실장을 겸하고 있기도 했다.

참여연대를 떠나 기자가 되고 나서는 '산내 민간인 학살사건' 유족들과 함께 '산내 사건 유족회'를 만들고 지원했다. 그뿐만이 아니다. 그가 연합에서 일하면서 '통일맞이대전충남겨레모임'의 활동도 겸하고 있던 1997년, 걸려 온 전화 한 통이 있었다. 우연히 받았던 그 전화를 계기로 심규상의 운동 반경은 조금 더 넓어졌다.

"전화를 받았더니 구마모토현에 있는 시민단체라 그래요. 일본 학생들이 공부하는 역사 교과서에 일본군 위안부 문제 같은 것들이 원래는 기술되어 있었는데 교장단에서 일정 부분들을 삭제해달라고 교육위원회에 청원을 냈다는 거예요. 시민단체로서 혼자서 막을 방법이 없다, 그래서 알아봤더니 충남도청이 구마모토현청과 자치단체 간 자매결연을 하고 있더라, 그러니 충남에 있는 단체가 도와 달라. 그게 전화를 건 사정이었어요. 당시는 대전 충남이 분리되어 있었는데 충남도청이 대전에 있었잖아요. 그래서 싸움을 하게 된 거예요. 구마모토 시민단체와 같이 일본군 위안부 교과서 기술 삭제를 막는 일을 했죠. 아마 일본 지자체와 교과서 문제를 갖고 싸움을 벌인 최초의 시민운동일 거예요. 그리고 이겼어요. 삭제를 막았죠. 구마모토 시민단체와 만나서 자매결연을 했어요. 시민단체 간의 결연이었죠. 한 해는 우리가 가고, 한 해는 저쪽에서 오고 그렇게 만났어요."

"교류하던 와중 연합에서 참여연대로 제 직장이 옮겨졌어요. 산내 민간인 학살사건도 그랬지만 이 사업도 참여연대에서 지속했어요. 사업을 가져가고 싶은 욕심 때문에 그랬던 것이 아니라 마땅히 할 사람이 없었으니까. 통일맞이대전충남겨레모임에서 시작했던 교류 사업을 참여연대 이름으로 지속했던 거예요. 교류는 점점 확대했어요. 시민단체 교류에서 청소년 단체 교류, 농민 교류, 환경단체 간 교류, 교사 교류까지. 참여연대를 그만두고 오마이뉴스로 가면서 이 사업을 충남참여연대에 넘기려고 했어요. 그러다 흐지부지되어 또 함께하고 있어요. 현재까지도 이 사업의 교류를 코디하는 역할을 하고 있어요."

"일본은 4년마다 한 번씩 교과서 채택을 해요. 채택 권한은 현 교육위원회에 있죠. 구마모토는 보수적인 지역이에요. 4년마다 어떻게 했냐면 20명씩 조직해서 일단 일본 현지로 갔어요. 20여 개의 지방자치단체가 있어요. 20명이 4개 조로 나뉘어서 3박 4일 동안 도시락을 싸 갖고 다니며 지역을 다녔어요. 학교와 단위 교육청을 각각 방문했고 지역 주민과 언론사도 만났어요. 바닥을 훑는 교과서 왜곡 저지 투쟁을 해서 채택률 0%를 달성했어요. 지금까지요. 풀뿌리식 저지 운동이죠. 저는 다른 외교 갈등도 이런 방식으로 해소해야 한다고 생각해요. 일본 국민들은 한국 정부 이해 못 하잖아요. 자기들이 뭘 잘못했냐는 식이죠. 한국 사람들만 불매 운동하고 일본 안 가고. 그것이 어느 정도 효과는 있을 수 있겠지만 적대하는 방식으로는 문제 해결이 안 된다는 거죠. 일본 국민들까지도 이해시키는 운동을 해야 한다는 거예요. 왜곡 교과서 문제로 그런 성과를 냈고요."

◐

그의 겸직 역사는 아직 끝나지 않았다. 구마모토와 교류하며 재일조선인이 처한 문제를 알고 그냥 지나칠 수 없던 그는, 조선인이라는 이유로 일본 정부의 차별을 받는 그들의 현실을 알리기 위해 지금도 기록하며 활동한다.

해방 직후 재일조선인 1세들이 힘겹게 세운 조선학교가 조선인으로서의 정체성을 찾고 또 지켜나가기 위해 일본 정부의 어떤 차별을 감내하고 있는지를 심규상은 잘 알고 있다. 그리고 그들을 위한 일이 곧 식민역사를 치유하고 회복하는 통일의 길이라는 것도 잘 알고 있다.

"어려서 반공교육 받았을 때와 비교해보면 벌써 통일이 된 거죠. 그래서 얼마 남지 않았다고 생각해요. 그러나 여전한 힘의 관계를 종식하지 않으면 힘들겠죠. 평화라는 게 그렇잖아요. 그렇게 통일해야 하잖아요. 일본과의 관계에서도 마찬가지예요.

어떤 착각으로부터

우리가 힘을 길러서 일본 코를 납작하게 만들어 줘야 해, 이렇게 생각하는 건 평화적 관계를 만들어 나가자는 게 아니라 힘으로 혼을 내서 각성시키자는 거잖아요. 통일을 거창하게만 여길 것이 아니라 일상적으로 각자가 누군가를 만나는 공간, 지형, 그 안에서 서로 우리가 왜 통일해야 하는지 마음을 나눌 수 있도록 하는 것이 필요해요. 사람의 마음을 움직일 수 있는 그런 통일 운동이 필요해요."

        급변하는 사회 속에서 복잡하게 사는 현재의 한국 사람들은 재일조선인의 존재와 그들이 다니는 조선학교란 곳에 거의 관심이 없다. 그들이 관심 있고 절실하게 바라는 것은 한국 사회에서 자신들의 존재가 부정당하지 않는 일이다. 한국 사람 대부분이 그런 불안 속에 살고 있다. 부정당한 자신을 돌보느라 진이 빠진 그들은 가족도 친구도 주변 지인도 돌보지 못하는 판국에 일본 정부에 의해 부정당한 재일조선인까지 신경 쓸 여력이 없다. 슬픈 일이다. 심규상이 말하는 사람의 마음을 움직일 수 있는 운동은, 아마도 운동가들이 전유하고 있는 고상한 그 무엇이 아닐 것이다. 그들만의 것이 아닌 사회 누구에게나 공감을 줄 수 있는 움직임이 필요한 것이다.

        심규상을 만난 이후, 나는 종종 사회 곳곳 어딘가에서 대중과 더욱 호흡하는 운동을 하기 위해 노력하고 있을 이들을 떠올린다. 내 마음이 움직여진다. 그에 의해, 그들에 의해 꿈틀대는 시대의 크고 작은 변화 속에서 같이 걷고 싶은 나를 발견한다.

제 12장

## 이겨야 하는 싸움

조직들이 작은 차이를 갖고 갈라져 있던 것 같아요.

마치 남과 북처럼.

한만승 | 1968-

인터뷰를 위해 그가 허락한 시간이 나로서는 충분하지 않았던 터라 제법 긴장했던 기억이 난다. 나는 긴장한 티를 내지 않으려 최대한 내가 아닌 인터뷰어의 얼굴을 하고 그를 마주했다.

"이건 꼭 기록해야 하는 내용은 아니에요."라는 식의 화법을 통해 진짜 이야기하고 싶은 것과 어쩌다 보니 그냥 흘러나온 이야기를 나름의 방식으로 구분하곤 했던 그는, 낯선 내게 자신이 겪어 온 삶을 쉬이 털어놓지 못했다. 그런 그가 아주 잠깐씩 가슴에 얹고 있는 무언가를 툭 내려놓듯 말하던 순간들. 나는 지금 그 순간들을 기억하기 위해 안간힘을 쓰며 글을 쓰고 있다.

그의 눈을 통해 본 가느다란 빛이 내게 머물렀던 그 날. 그 잠깐의 순간들. 잘 드러나지 않는 광채를 지니고 사는 사람이, 또 굳이 그것을 드러내고 싶어 하지 않는 사람이 천천히, 그리고 조심스럽게 꺼낸 이야기를 시작해 보려 한다.

❛

"1987년 대학에 막 입학했던 때의 강렬한 기억이 하나 있어요. 지금도 안 잊히는데 입학식장 가는 길에 삐라가 뿌려지고 있었어요. 박종철 열사와 관련된 집회 일정을 알리는 내용이었던 것 같아요. 대학 시절을 기억하면 삐라가 흩날리던 그 광경이 같이 떠오르는 거죠. 그렇게 입학한 대학에서 운동을 시작했어요. 5.18 광주 사진과 동영상을 보고 나서 충격받고 분노하면서 내가 몰랐던 세상에 대해 알았고, 내가 몰랐던 세상이 있다는 것에 관해 자꾸 들여다보고 탐구하는 과정을 겪었어요."

한만승은 학생운동을 거쳐 지역의 '조국통일범민족연합'(이하 범민련)에서 활동했다. 민족의 자주와 대단결, 평화통일에 목적을 둔 연대단체 범민련 조직의 힘은 '3자 연대'에서 출발했다. 남·북·해외 3자 연합체로 구성된 범민련은 국가 탄압 속에서도 민족 자주 통일의 가치를 우선으로 삼아 남·북·해외 연대 활동을 지속했다.

범민련 활동을 돌이켜 보았을 때 외롭고 불안한 기억으로 점철되어 있다고 말한 그는 곧 내게 물었다. 당시 사라지지 않을 것 같았던 탄압의 그림자를 지금 상상할 수 있겠느냐고.

"3자 연대를 이유로 지역에서 거의 외톨이처럼 활동했어요. 범민련은 탄압을 받더라도 3자 연대를 고수하고, '주한미군 철수', '전쟁 반대', '국가보안법 철폐' 등의 원칙적 내용을 구호 삼아 활동해야 한다는 의견이었어요. 대중적 통일운동을 표방했던 곳보다는 상대적으로 인원도 소수였고 고립된 상황이었죠. 지역에서는 대중적 통일운동을 중심으로 활동해야 한다는 흐름이 우세했는데 저 같은 사람들은 다른 입장에 서 있었던 거죠. 사실 범민련과 한총련이 거의 동시에 이적단체로 규정되었잖아요. 그런 이유로 인해 고립된 점도 분명 있었을 거라고 생각해요. 쉽게 말해 같이 활동하기에 부담스러운 조직이었다고 할까요. 그 무렵에 범민련 실무를 맡아보던 활동가가 잠적하기도 했었어요. 그게 제가 범민련 일을 하게 된 계기였죠."

분단의 폐해인 낙인과 배제를 경험한 기억을 읊던 그는, 그렇다고 자신이 대중적 통일운동을 무조건 비판한 것은 아니었다는 말을 덧붙였다.

"조직들이 작은 차이를 갖고 갈라져 있던 것 같아요. 마치 남과 북처럼. 북의 고난의 행군 시기에 대중적 통일운동 단체에서는 이북 동포 돕기와 같은 사업 추진을 했다면, 범민련에서는 정치·군사적 문제 해결을 위해 노력한 거예요. 원칙적인 문제부터 풀어야만 통일의 길을 앞당길 수 있다고 생각한 건데, 지금 생각하면 사실 안타까워요. 어쨌든 통일하자는 마음은 모두가 한마음이었잖아요. 그래도 2000년 6.15남북공동선언 발표되는 그 무렵부터는 차이로 인한 갈등이 전부는 아니지만 해소되었던 것 같아요. 범민련 활동가들이 6.15공동선언실천남측위원회대전본부(이하 6.15대전본부)가 만들어지면서 활동 무대를 옮겼잖아요. 이적 규정을 당한 고립된 조직을 계속 유지할 필요가 있느냐 없느냐는 입장 차이가 있었는데, 어쨌든 지금의 6.15대전본부 역시 3자 연대 조직으로 전 민족적 통일운동을 가치에 두고 활동하잖아요. 범민련의 활동을 6.15대전본부가 지금까지도 지속하고 있는 거예요."

한만승은 범민련 활동을 끝내고 개인적인 문제로 인해 잠시 활동을 중단했다. 그 사이 범민족대회에 참가했다가 연행되어 구속될 뻔한 적이 있었다는 이야기를 담담히 말하는 그를 바라보다가 문득 그의 삶에서 운동이 갖는 의미는 무엇일지 궁금했다.

"대전중구겨레하나 모임의 준비 위원장을 맡고 있어요. 다른 분들이 먼저 조직한 모임이었는데 절 찾아오셨더라고요. 같이 하자고요. 그것도 같이 안 하면 인간관계 다 끊어질 것 같아서 시작했는데 어쩌다 보니 준비 위원장으로 참여하고 있네요. 사실 제가 운동 판을 외면하게 되면 아이가 살아가야 할 세상을 같이 만들어 갈 사람들을 다 잃을 수 있겠다는 두려움과 고민이 있었어요. 그게 없었으면 좀 더 냉정했을지도 몰라요. 대전중구겨레하나는 통일운동에 의지가 있는 대전 중구 주민들이 한 달에 한 번씩 만나는 모임이에요. 통일 관련 대중강연을 열거나 공부도 하고 기행도 하면서 편하게 만나고 있어요."

"기왕 이렇게 된 거, 100년 숙적하고의 싸움에서 이기는 건 봐야지. 그 싸움에 작게나마 제가 일조할 수 있다면 좋은 거고요. 제가 장애 인권운동을 한 지 15년 정도 되고 지금도 하고 있어요. 8년 전부터 발달장애 청년들과 세차 일을 하고 있는데 그 일이 본업이라고 말할 수 있겠네요. 최대한 본업에 몰두하며 통일 영역도 놓지 않으려고 하지만 그런데도 부족할 순 있죠. 따라가기 힘들어서 지칠 때도 많고요. 그래도 저는 어느 영역도 버릴 수가 없어요. 할 수 있는 만큼 따라가는 거죠."

사상을 자기 삶의 최우선으로 여기며 살았던 한때. 인터뷰를 계기로 그때를 회상하는 심정이 어떠한지 더 묻고 싶었지만 묻지 못했다. 이데올로기가 자아낸 낙인과 배제 속에서의 고립된 활동이 자주 외롭고 불안했다고 말하던 그의 표정이 떠올랐기 때문이다. 나는 끝내 마지막 질문을 하지 못했다.

    그것은 오랜 세월 분야를 넘나들며 차별의 무게와 싸우는 그에게, 여전히 사회의 소수자들을 위해 애쓰며 사는 그를 위해 후대를 사는 내가 지켜야 할 예의였다.

제 13장

# 선생님들

그분들 삶을 나아지게 하는 것이

통일에 기여하는 일이라고 생각했어요.

임나리 | 1971-

그가 자신을 만나기 위해 서울 땅을 밟은 나를 배웅하던 길. 그 길은 서울역으로 향하는 지하철 선로 위였다. 대도시의 소소하고도 요란한 일상의 흐름 속에서 우리가 나누는 이야기는 대부분 부서졌다. 마치 어떤 힘에 의해 그것은 별로 중요한 이야기가 아니라고 내팽개쳐지는 것처럼, 아무렇지 않게 말과 말이 툭 툭 끊어져 사방으로 흩어졌다. 보다 잘 듣기 위해 세상에 나온 것 마냥 평소 상대의 이야기에 귀 기울이는 것이 자신 있고 능한 나로서도 소통이 어려웠던 시간이었다. 평일 오후의 지하철, 대부분 지쳐 보이는 사람들 틈에 나와 그가 서 있었다. 서울의 지하철은 조금도 한산할 틈 없이 우리를 서울역으로 데려갔다.

    그날, 임나리와 함께 서울의 어느 공간과 지하철에 몸을 싣고 긴밀하게 나누었던 이야기들. 그것들이 함의하고 있는 바는 이미 오래전부터 수많은 사람에 의해 중요해지지 않은 지 오래다. 그러한 이유로 보통의 일상 세계 속에서 흐르는 다른 소리보다 더욱 끊어지고 흩어지고 부서지고야 말았던, 그렇게 여겨졌던 나와 그가 나눈 말들. 그날 이후 나는 그와의 기억을 떠올릴 때마다 다른 무엇보다 지하철에서의 정신없던 그 시간을 가장 먼저 소환하곤 했다. 많은 사람 틈에서 우리 둘의 이야기만 마치 섬처럼 고립된 것만 같은 감각을 가졌었던, 그때의 나를 지금의 내가 불렀을 때 보다 생생해지는 우리의 말과 바깥과의 비 연결성. 그것은 단절이라는 말로도 대체 가능한, 분단을 말하고자 할 때면 늘 맞닥뜨리는 것이었다.

선생님들

과거 눈에서 레이저가 나왔을 정도로 싸움꾼이었다는 임나리의 눈을 바라보았던 순간을 기억한다. 운동가 시절의 팽팽한 레이저는 찾을 수 없었지만, 그가 운동가로 살 수 있었던 의지만큼은 확인 가능했던 순간 말이다. 오래도록 중요하지 않은 문제로 치부당했던 이야기. 그 이야기를 써내야겠다고 결심한 나의 의지가 미약하게나마 흔들릴 때마다 나는 임나리의 눈빛을 떠올리려 애썼다. 시끄러운 지하철, 그에 반해 침착하고 조용했던 우리의 이야기가 얼마만큼은 세상과 연결될 수 있기를 바라면서.

❪

"선생님들 가실 때, 그때 함세환 선생님이라고. 그분은 지역 상근자들 걱정을 마지막까지 하셨던 분이에요. 가시기 전에 갖고 계신 돈을 상근자들에게 나누어 주셨죠. 활동비로 썼어요."

작별은 늘 슬프기만 한 줄 알았으나 아니었다. 그들을 떠나보냈던 일은 다행스럽고도 기쁜 헤어짐이었다. 실로 그러했다. 그 마지막 시간을 앞에 꺼내 둔 임나리의 기억에 짙은 그리움이 묻어났다. 그리움의 대부분은 떠난 그들을 향해 있는 것이었지만 그때의 자신에게 닿아있기도 했다. 그들을 위해 애썼던 삶은 자신을 위한 일이기도 했으므로.

그때.

약 20년을 거슬러 올라가야 꺼내 볼 수 있는 기억. 20년 전 임나리의 삶엔 '선생님'으로 호명되는 사람들이 있었다.

2000년 9월 2일, 63명의 비전향 장기수가 북으로 송환되었다. 분단의 상징이라 할 수 있는 비전향 장기수의 송환은 중요한 정치적 사안이었고, 한 인간의 삶을 좌지우지하는 인권의 문제이기도 했으며 운동 진영에서는 통일과 가까워지기 위한 투쟁 이슈였다. 당시 대전에서는 6명(함세환, 한장호, 최선묵, 김명수, 최수일, 김용수)의 비전향 장기수가 송환되었다.

    2000년 송환의 역사를 쓰기까지의 투쟁 과정은 치열했다. 노태우 정권 시기 1991년 4월 대전교도소의 장기수 55명이 단식농성을 하며 '사상전향제도' 폐지를 요구했다. 김영삼 정권이 들어서고 1993년 3월 최초의 북송 비전향 장기수인 이인모 씨의 송환 이후 8월엔 전국 34개 교도소에서 장기수 포함 2백여 명의 전원 석방, 국가보안법 폐지를 요구하는 단식 농성이 전개되었다. 이후 김대중 정부가 출범한 1998년에는 '사상전향제도'를 폐지하는 대신 특별 사면의 조건으로 준법 서약서 제도를 도입해 그 성격을 둘러싸고 또다시 사회적 논란이 일어났다. 준법서약서가 사실상 '사상전향제도'의 폐지가 아닌 변형이라는 것이 논란의 이유였다.

    이러한 김대중 정부 시기, 국가 내부의 제도 변화에 의해서가 아닌 남과 북 두 국가의 협상에 따라 인도주의적 관점에 바탕을 두고 또 한 번의 송환이 이루어졌다. 이념과 체제를 넘어섰던 당시 63명의 송환 성사는 운동 진영의 큰 결실이었다. 1993년

이인모 씨 송환 이후 시민사회 주도로 결성한 '비전향 장기수 송환 추진위원회' 활동이 2000년 남북정상회담까지 이어져 얻은 성과였다.

당시 지역의 '민가협'과 '양심수후원회'라는 단체에 소속되어 양심수 석방과 비전향 장기수 송환을 위해 격렬히 활동한 임나리의 투쟁 기억엔 송환되기 전까지의 '선생님들' 삶이 굳게 박혀 있었다.

"장기수 존재를 알게 되면서 도움 드렸던 측면은 두 가지에요. 먼저 정치적으로는 송환이죠. 저는 주로 정치 투쟁에 집중했어요. 2000년 송환 때 대전에서는 여섯 분이 송환되었는데, 그중 함세환 선생님은 대표적 인물이었어요. 소년병으로 체포되었기 때문에 제네바협약에 따라 바로 송환되었어야 하는 상징성이 있는 분이었거든요. 함세환 선생님의 상징성으로 송환 운동이 더욱 탄력을 받을 수 있었어요. 그다음으로는 거주공간을 비롯한 생활 지원이에요. 대전에서는 시민들 후원을 받아 선생님들이 공동으로 거주할 수 있는 '사랑의 집'이라는 공간을 마련했었어요. 민가협을 비롯한 시민사회단체들이 많이 노력했죠. 1980년대 후반에 만들어졌다고 하는데, 저는 1999년부터 일하기 시작했던지라 초창기 사정은 잘 몰라요. 민가협 홍성순 회장님께서 초창기부터 헌신적으로 챙기고 계셨어요."

"그분들이 출소해서 세상에 처음 나왔을 때는 자기 존재를 알릴 수가 없었어요. 알려지면 어디 취직하여 일할 수가 없었으니까요. 생존의 문제가 달려있기 때문에 그분들은 어디에도 편하게 얘기할 수가 없었어요. 고생 많이 하셨죠. 그러다 문제가 공론화되면서 조금씩 도움을 받았던 거예요. 저는 그분들 삶을 나아지게 하는 것이 통일에 기여하는 일이라고 생각했어요."

　　과거 박정희 정권이 제정한 '사회안전법'은 국가가 표면화하는 것과 달리, 드러나지 않은 참혹한 실재를 지니고 있었다. '사회안전법'의 보안감호처분이라는 행정조치의 겉면은 공권력의 폭력을 법적으로 보장한다는 내용이었으나 그 이면은 전향하지 않은 양심수들을 무기한 가둬 둘 수 있게 한, 실로 비인간적인 조치였다. 이 제도는 양심수들을 강제 전향의 폭력과 압박에서 벗어날 수 있도록 하는 것처럼 보이지만, 실질적으로는 그들의 '비전향'이라는 선택을 위험의 근거로 삼아 출소한 이후에도 언제든 국가가 그들의 삶에 강제적으로 개입할 수 있음을 정당화한다는 점에서 문제로 작용했다. 사상을 문제 삼아 인권을 탄압한다는 논란 속에서 '사회안전법'은 1989년 폐지되었지만 이후 '보안관찰법'의 이름으로 대체되었다. 명칭만 다를 뿐 알맹이는 변함없는 제도 유지에 따라 비전향 장기수들은 출소한 이후에도 지속해서 국가 감시의 대상으로 존재했다.

　　"물론 장기수 선생님들의 스펙트럼은 다양했어요. 북측 노동자인데 남파되었다가 구속당한 분은 출소 후에 논산에서 주차요원 일을 오래 하셨고. 주유소에서 일하셨던 분도 계셨어요. 주유소뿐만이 아니라 여기저기 옮겨 다니셨을 거예요. 고생 많이 하면서 일하셨어요. 그 나이 든 양반을 주유소에서도 써주기 싫었겠지. 서울대 철학과 나왔다는 분도 계셨었는데, 실상 선생님들 대부분이 장기간의 감옥 생활과 고문으로 인해 병들고 쇠약해진 몸으로 할 수 있는 노동은 많지 않았어요. 어려운 생활을 꾸역꾸역 이어 나갔던 거죠."

임나리가 언급한 '선생님들' 개인의 출소 후 삶은, 그들이 과거 어떠한 위치에 놓여 무슨 일을 했건 간에 그들이 온몸으로 겪은 역사의 비극을 그대로 닮은 형국이었다. 국가의 강제는 개인의 신념과 사상을 문제 삼아 그들 삶 전체를 송두리째 쥐고 흔들었다. 그들은 분명 출소했지만, 출소 이후에도 빠져나갈 수 없이 갇혀 있는 것이나 마찬가지의 삶을 살았다.

양심수들의 '전향'과 '비전향'은 개인 신념의 정도에 따른 결과로만 치부될 수 없었다. 국가 폭력이 이분화시킨 전향과 비전향. 이러한 이분화는 '송환'이라는 국가 대 국가의 인도주의적 사안 앞에서도 작동했다. 전향과 비전향을 분리한 국가가 장기수들에게 중첩적 배제를 가한 2000년도 송환 당시의 상황을 꺼내는 임나리의 낮은 음색이 가늘고 약해졌다.

"전향이 그냥 전향이겠어요? 강제 전향인 거죠. 본인 의지와 관계없이 잔혹한 고문으로 강제 전향시킨 거잖아요. 그런데도 정부는 2000년 송환 때 63명만 송환시켰고 남은 33명은 송환을 거부했어요. 사실 전향이냐 비전향이냐 그게 중요한 건 아니잖아요. 그렇게 송환한 이후 남은 분들에 대한 사회적 관심은 급격하게 줄어들었어요. 2차 송환 추진위원회가 꾸려졌지만, 탄력을 받지 못했어요."

정치적 이데올로기의 분쟁 속에서 난무한 국가 폭력. 온몸으로 저항하다 생과 사의 갈림길에서 전향과 비전향으로 강제 분리된 장기수들의 삶이 평가당하는 일은 잔혹했다. 그 시절 불꽃같이 싸웠던 임나리는 공권력에 억눌린 '선생님들'의 삶이 불에 덴 것처럼 뜨거웠다. 그들 현실이 자신의 처지와 분리될 수 없었기에 더욱 그랬다.

"생각해 보면 장기수 선생님들이나 저 같은 운동권들이나 처지가 별반 다르지 않았다는 거죠. 통일운동을 열심히 했던 학생운동 세력에게 가해진 국가 폭력도 이루 말할 수가 없었어요. 1998년에 한총련이 이적단체로 규정되면서 한총련 대의원이면 무조건 탈퇴서를 받았어요. 당시 한총련 대의원이면 각 학교 단과대 학생회장이에요. 어떤 혐의나 활동이 없었어도 한총련을 탈퇴하지 않으면 무조건 잡아갔어요. 그때 제가 주로 했던 일이 재판하면 가서 참관하고 끌려갈 때 같이 가고. 다른 일은 별로 할 수가 없을 정도로 끌려가는 친구들이 워낙 많았어요."

국가 폭압의 파도 속에서도, 함께 하는 사람들과 꿋꿋이 활동을 이어나갔다. 평일에는 회원 확대를 위해 저녁 늦은 시간까지 모임을 진행하며 일을 했고, 주말에는 집회에 참석했다. 그렇게 제대로 쉴 수 없는 날들이 계속 이어졌다. 해야 할 일은 좀처럼 줄어들지 않았다. 결국, 몸이 생활을 이겨내지 못하는 상황까지 치닫게 되었다.

"운동을 관둔 게 어느덧 십여 년쯤 되었네요. 기본 체력이 약한 편인데 쉬는 날이 없다 보니 나중에 번아웃이 왔어요. 그때는 번아웃이라는 용어도, 개념도 없었을 때에요. 안타깝게도 지금도 많은 활동가가 과로에 시달리고 있죠. 그래도 운동에 뛰어들었던 시간은 제 인생의 큰 전환점이고 자부심이에요. 제가 대학을 가던 시기도 지금만큼이나 성과주의 시대였어요. 운동하기 전의 저는 늘 주눅 들어 있었어요. 어찌 됐든 대학에 들어갔고, 학생운동을 접하고 나서 제가 확 달라진 거예요. 나도 이 사회를 변화시키는 주체가 될 수 있구나. 나도 중요한 존재구나. 저는 운동을 통해 자기 주체성을 찾은 사람이에요."

과거 어느 시점부터 악화한 건강 문제로 인해 운동가로서의 삶을 내려놓은 임나리. 행복해지기 위해 운동을 선택했고, 그 과정에서 아팠던 사람. 싸워야만 하는 자리에서 절대 물러서지 않는 패기 덕분에 그만큼 감수해야 할 것들이 많았던 사람. 20년 전 북으로 송환된 장기수 선생님들을 지금은 만날 수 없는 것처럼 운동가 임나리의 시간도 멀리 가 있다.

사상을 이유로 국가 탄압의 대상이 되었던 비전향 장기수와 그들을 위한 투쟁 현장 한가운데 살았던 운동가 존재에 주목하는 것은 경계와 금지 체제하에 놓여 있는 분단 현실을 들추기 위한 주요한 작업 중 하나였다.

    분단 역사의 특수성 속에서 국가에 포섭되지 못하고 탄압받으며 배제당한 비전향 장기수의 삶. 그리고 빨갱이, 종북 등의 언어로 낙인찍히고 규정당하면서도 분단 문제 해결을 위해 싸워온 운동가의 삶.

    나는 지금, 긴밀하게 연결된 두 개의 삶이 국가와 사회의 성원으로 승인받지 못한 또 다른 주변화된 존재들과도 연결될 수 있길 바라며 이 글을 쓰고 있다. 그렇게 이어져 만난 수많은 삶이 또 사회 전체와 촘촘히 연결되는 일. 그리하여 누구도 차별받지 않고 배제당하지 않을 그 날을 희구한다. 분명 그날은 통일이 오는 날일 것이다.

선생님들

비단옷 입고 밤길 걸었네

제 14장

# 물이 100℃에서는 갑자기 끓듯이

제 나이 스물여섯쯤 됐겠네요. 많이 무서웠어요. 저쪽에선 쇠 파이프 들고 싸우러 오는데 거리도 되게 가까웠거든요. 이전에 싸울 때는 쇠 파이프 들고 싸워도, 대치하면서 신경전을 벌이는 수준이었다면 그땐 밀고 들어온다는 느낌이 너무 강했어요. 학교 밖에서 지켰다가 정문으로 밀리고, 또 정문에서 학교 건물 무슨 동까지 밀리고 밀리다가 결국 건물을 다 내어줬죠.

김율현 | 1971-

그와 나는 작고 네모진 사무실의 꽤 큰 부분을 차지하고 있는 동그란 탁자를 사이에 두고 앉아 있었다. 탁자의 둥글고 넓은 여백이 사무실 형광등 빛을 받아 반짝였고 그것은 내게 그가 말하는 순간마다 곧 부서질 것 같은 작은 무엇인가를 떨구어 일어나는 현상처럼 느껴졌다. 마치 호수 위에 작은 돌이 떨어져 잔물결이 퍼지고 또 퍼지는 것처럼 그가 말할 때마다 탁자의 그 둥글고 넓은 여백이 일렁거렸다. '그때'를 이야기하는 그의 가슴에 파문이 일었다.

20년이 훌쩍 넘을 만큼의 오래된 일을 꺼내는 일이 힘겨워 보였다. 그것은 이미 이루 말할 수 없을 정도로 많은 사람의 몫이 되어버린 두려움이자 상처이기도 했다. 욕설, 발길질, 돌, 최루탄, 쇠 파이프 같은 말들이 유발하는 감정은 오랜 시간이 지나 분절적이면서도 생생했다.

김율현에게 있어 1996년의 기억은 그러했다. '한국대학총학생회연합'(이하 한총련) 주축 아래에 제7차 '8.15범민족대회'를 개최한 1996년 8월, 연세대학교에 쏟아진 공권력의 탄압(이하 연대항쟁)은 폭력이 극단으로 치닫는 형국이었다.

"그때 그 처참한 상황을 현장 바깥으로, 지역으로도 알려야 한다는 의견이 모였어요. 밖에서도 투쟁을 조직해야 한다는 결정이 내려졌을 때 일단 몰래 빠져나갈 수 있는 사람이 필요했어요. 남학우들은 밖에서 싸우고 건물 안에는 여학우들이나 다친 사람들이 있었어요. 저는 현장에서 날아오는 돌을 맞아서 붕대를 감고 있었거든요. 그러면 다친 사람이 도중에 나가는 게 좋겠다, 그렇게 제가 나가야 하는 상황이 되었던 거죠. 저는 그때 '대전총학생회연합'(이하 대전총련) 간부를 맡고 있었어요. 그런데 도저히 나갈 수가 없는 상황이었어요. 전부 봉쇄된 거죠. 최루액도 뿌리고 형광물질도 뿌렸기 때문에 냄새나거나 옷에 형광 자국이 있는 사람은 무조건 연행했어요. 결심하고 나왔어도 가능한 상황이 아닌지라 안으로 다시 들어가려다 다시 마음을 붙잡았어요."

"감고 있던 붕대를 풀었어요. 그리고 택시를 잡았죠. 택시 기사한테 어머니가 돌아가셔서 지금 빨리 가야 한다고 거짓말을 했어요. 안 된다면서, 제가 승차하려는 걸 택시 기사가 말리더라고요. 괜찮다고, 트렁크에라도 타서 가겠다고 고집을 피웠죠. 다행히 아무 탈 없이 빠져나올 수 있었어요. 기차를 타고 대전에서 내리지 못하고 옥천까지 갔어요. 일부러 옥천까지 갔다가 거기서 다시 대전으로 들어왔죠. 들어와서 대전에 있는 학생회 간부들 전부 찾아가서 상황 얘기하고 어떤 대처를 할 것인가 조직하는 역할을 했죠. 이후 지역에 남아 있던 대전총련 간부, 학우들도 연행됐어요."

"저는 현장에서 일찍 나왔기 때문에 더 겪지 못한 일들을 훗날 동지들에게 전해 들었죠. 물도 전기도 끊긴 상황에서 새벽만 되면 유리창에 돌이 날아오고 최루탄이 들어왔다는 거예요. 밤에 잠도 못 자고 공포에 떨던 와중에 마지막 날은 헬기에서 특공대가 내려왔어요. 1980년 광주 사진이나 영상이랑 비슷하게 그들이 유리창을 깨고 들어온 거예요. 그들이 욕설과 발길질을 하면서 모두 머리를 땅에 박게 했고 학우들은 두 손이 꽁꽁 묶여 건물에서 내려가면서도 온갖 폭력을 내내 견뎌야 했던 거예요. 그 과정에서 여학우들은 성추행도 당했어요."

김영삼 정부는 96년 '연대항쟁'을 기점으로 한총련을 이적단체로 규정했다. 김율현은 죽음의 행렬이 이어졌던 시기라며 당시를 회상했다. 식민지, 전쟁, 분단, 독재의 역사 속에서 끊어진 목숨은 그 수를 다 헤아릴 수 없을 정도로 많았지만, 그 당시도 김영삼 정권 초기부터 정부 정책에 격렬히 저항하던 많은 학생이 스스로 목숨을 끊었다는 것이다. 죽음의 행렬 속에서 저항하던 학생들에게 빨갱이, 친북좌파와 같은 이데올로기 공세까지 퍼붓던 정부의 무력 행사는 그들 삶에 지워지지 않는 자국을 남겼다.

"결국 그때 그곳에 있던 모두가 상처 입은 거예요. 억압적이고 폭력적이던 상황에서 두려워서 말 한마디 못 하고 무너졌다는 자괴감이 공통된 상처라면, 갈등처럼 양분되는 상처도 있었어요. 연대 항쟁 이후 한총련이 이적단체가 돼서 구속당하면서도 학생운동을 계속했던 친구들, 반대로 그것이 두렵거나 그 정도 결심은 서지 않아 운동을 내려놨던 친구들 사이의 갈등이 있었어요. 중요한 건 둘 다 상처가 있다는 거죠. 한쪽은 감당하기 힘든 것들을 감당하고 나서의 상처, 다른 한쪽은 그렇게 감당하지 못한 것에 대한 상처인 거죠. 군대 제대하고 나서 2000년도에 그런 친구들을 만나고 다녔어요. 만나다 보니 몇 년의 시간이 지났어도 그 상처들이 계속 남아 있다는 것을 알 수 있었어요."

각자가 지니고 있는 상처. 그것은 결코 지워질 수 없는 것임이 틀림없었으나, 동시대의 상처를 지닌 이들과 지속해서 소통하는 일은 상처를 완전히 지울 수는 없어도 그 상처의 무게에 혼자 가라앉지 않을 끈끈한 연대를 만들어냈다.

단 10%만이라도 마음이 있으면 다시 만나 무엇이라도 해보자고 했던 '연대항쟁' 세대들은 지역 청년운동으로 활동을 이어갔다. 2000년에서 2001년으로 이어지던 사이, '6.15남북공동선언'의 영향으로 이름 붙인 '6.15청년회'의 첫출발은 지지 모임이었다.

"서로가 서로의 상처를 확인하고 보듬는 시간을 가졌어요. 소식지를 발행했고, 기행이나 소규모 교육 같은 것을 진행하며 편하게 모였는데 예상보다 뜨거웠어요. 당시 지역에 민주주의민족통일대전충남연합이 있던 때였어요. 6.15청년회도 지역 운동의 대중적 동력이 되고자 했죠. 2002년 월드컵 하던 때가 기억나요. 미군 장갑차에 의해 효순이 미선이가 죽었던 시점이기도 했죠. 월드컵 첫 응원전이 열렸던 서대전 시민 공원에 6.15청년회가 갔어요. 월드컵으로 흥분된 그 현장에서 효순이 미선이 죽음의 진실을 알리기 위한 선전물을 들고 서 있었어요. 이후에 전국적으로 그 투쟁이 확산하였는데 그 계기로 활동하는 것에 있어 자부심을 많이 느꼈던 것 같아요."

운동가로서의 삶은 분명 힘든 시간의 연속이었다. 시골에서 도시로 대학을 보낸 자식을 향한 기대가 있던 어머니, 아버지와의 갈등을 마주해야 했고, 사방에서 날아오던 돌과 최루가스 냄새는 도저히 익숙해지지 않았다. 그가 충남대학교 총학생회장직을 맡는 동안 가졌던 책임은, 외면하지 않기 위해 애써온 진실의 무게만큼이나 묵직했다. 그리고 그것이 부정할 수 없는 자기 삶의 출발점이 된 현실 속에서 꽤 오랜 기간 경제적 고충도 컸다. 대전역 부근 정동 인쇄 골목 어느 건물 2층에 마련했던 6.15청년회의 첫 사무실은 겨울이면 연탄을 직접 날라야 했다. 그땐 짐 운반할 수 있는 차도 없던지라 외부 캠페인이라도 나가려면 손수레에 피켓 등의 짐을 싣고 직접 끌고 다녔다.

"그땐 활동가로 살아도 상근비가 없었어요. 아르바이트를 병행할 수밖에 없었죠. 그렇게 살아도 돈이 없을 때는 사무실이 있던 정동에서 문화동 집까지 걸어 다니기도 했어요. 그래도 괜찮았는데 명절 같은 때 고향 집에 가면 좀 힘들었어요. 이 방법으로 과연 얼마만큼 버틸 수 있을까. 그런데 꼭 그럴 때 돈을 주는 선배들이 있었어요. 이번에 집에 갈 땐 과일이라도 사서 가라면서."

결혼하고 나서는 또 다른 면에서 힘들었다. 당시 건설노조에서 활동했어도 한 달에 30~40만 원 남짓 받았던 터라 경제적으로도 힘들었지만, 심적으로도 고뇌가 깊었다.

물이 100℃에서는 갑자기 끓듯이

6.15청년회 활동을 같이했던 사람과 부부의 연을 맺었다. 아내 역시 운동의 길을 걸어왔고 계속 운동을 하고 싶어 했던 사람이었다. 그러나 아내는 자녀 출산 이후 육아를 하는 동시에 생계에 집중할 수밖에 없었다. 결혼 후 김율현은 계속 운동을 하는 사람이었지만 그의 아내는 집안에서 그 이외의 전부를 혼자 감당했다. 운동은 그렇게 누군가의 삶이 되었고, 누군가의 삶이 될 수 없기도 했다. 한참 시간이 지나 돌아보니 둘이 함께했기에 살아낼 수 있던 삶이었다고, 그래서 늘 고맙고 미안한 사람이었다. 어떻게 살 것인가 치열하게 고민하여 선택하고 받아들인 운동하는 삶이 개인에게 가져다준 영향은 그렇게 혹독했다.

(

김율현은 가장 가까이에 있는 가족, 그리고 같은 뜻을 품은 주변 동지가 없었다면 버텨낼 수 없는 시간이었으리라 회상했다. 연달아 계속 버텨내기 위해 더 많은 동지를 곁에 둘 수 있었던 계기에 관한 이야기를 꺼냈다. 그것은 자신이 경험하고 확인했던, 부조리한 사회의 진실을 더욱 알리고 현장에서부터 함께하기 위해 노동자들의 세계에 뛰어든 2003년부터 지금까지의 멈추지 않은 시간이다.

"건설 현장 일용직 노동자들은 지난 수십 년간 노동자들 속에서도 하층 노동자에 속하는 사람들이었어요. 사회보장제도도 없고 일당 노동자들이다 보니 노조로 뭉칠 수 있을 거라고는 아무도 생각 못 했어요. 저 사람들을 어떻게 노조로 묶지? 그때만 해도 노조는 하나의 기업, 공장 단위 사람들을 묶는 거였는데 건설노동자들은 현장에서 일했다가 그 현장 끝나면 흩어지잖아요. 민주노총 내에서도 불가능하다는 인식이 많았어요. 그래도 건설노조 활동가들을 육성해서 차근차근 현장 노동자들을 조직했어요."

개별 노동자일 때, 자기 옆의 동료를 탓하는 일이 가장 쉬웠던 이들이 노조 활동을 통해 변해갔다. 건설사를 상대로, 사회를 상대로 싸울 생각을 못 했던 이들이 조직된 노동자가 되자 달라졌다. 단결된 조직을 통해 임금이나 노동조건, 안전 문제까지 제시할 수 있게 된 노동자들은 아무것도 모르던 대학 시절의 자신이 학생운동을 통해 변해갔던 모습과 비슷했다.

"만약 노동자 개인이었다면 볼 수 없는 것들을 보게 된 거죠. 내 옆의 동료와 비교만 하는 게 아닌, 내가 누려야 할 권리와 임금을 빼앗은 구조를 보게 된 거예요. 지금 우리 한국 사회 청년들 역시 그런 시야에 갇혀 있잖아요. 저는 여기서 분단 이야기를 꺼낼 수밖에 없다고 봐요. 분단만 극복해도 자라나는 세대가 훨씬 자유로운 사고를 지닐 수 있다고 봐요. 내가 누려야 할 권리, 생존권적 요구가 무엇에 의해 제약받는 게 아니라 당당하게 얘기할 수 있는 사회가 되어야만 가능한 일이죠. 분단으로 인해 얼마나 많은 상상력과 가능성이 혹독하게 처형당했어요. 구속하고 처벌하는 본보기를 통해 갇힌 울타리 속에서 얼마나 많은 것들을 놓치고 살았어요. 그렇게 살아온 생으로 인해 자신이 본 세상이 전부인 것처럼 사는 사람들이 얼마나 많아요. 개인의 능력으로만 사회에서 살아남아야 하는 지금의 구조를 바꿔야겠다는 조금의 의지조차 생겨날 수 없는 가시밭길이잖아요."

결국 아직 분단을 해결하지 못한 지금이 부끄럽다고 말하는 그는 여전히 자신을 향해 묻고 확인하고 있었다. 스스로의 눈으로 사회를 보기 위해, 지금의 구조가 만들어놓은 장치를 넘어선 사회를 상상하기 위해, 또 그것이 한낮 공상이 아닌 가능하다는 확신을 얻기 위해.

직접 부딪히며 꾸준히 걷는 그 과정이 중요한 건 어느 때 급격히 다가올 진보의 순간을 놓치지 않기 위해서이다. 그의 말마따나 물이 100℃에서 끓을 때는 갑자기 끓듯이, 진보의 찰나는 한 순간의 혁명으로 올 수 있다. 수없이 버텨온 과정들이 있다면 말이다. 김율현이 여전히 버티며 사는 것도 그 이유일 것이다.

제 15장

# 무책임하지 않을 미래

제가 가르치고 있는 이 학생들이 움직였을 때
사회가 움직이더라고요.

오완근 | 1972-

대한민국 월드컵 4강 신화로 내가 자란 작은 도시도 꽤 들썩였던 2002년. 월드컵 열기의 그해 어느 날인가는 야간 자율학습을 절대 빼주지 않는 학교에서 일찌감치 빠져나올 수 있었다. 그날 나와 친구들은 간식거리를 잔뜩 사 들고 한 친구의 집 거실 TV 앞에 앉아 "대~한 민국!"을 외쳤다.

    이탈리아와의 경기였다. 안정환 선수의 연장전 역전 헤딩슛이 성공한 그 날은 일상의 근심을 내려놓고 마음껏 어울려 웃었던 기억이 있다. 오직 대학 진학의 목표만을 두고 매일 몸과 마음의 근육을 조이며 살다 월드컵을 핑계로 다 같이 약속한 듯 풀어놓았던 기억. 그러나 그 느슨한 일상의 경험이 가져다준 흥분이 채 가시기도 전에 우리는 책상 앞에 다시 앉아야 했다.

    효순이 미선이의 죽음을 알았던 것도 같다. 독서실 공유 주방에 놓인 TV 아침 뉴스에서 봤을지도, 학교에 비치된 신문을 통해 잠깐 봤을지도, 조회에서 나온 담임선생님의 말을 어렴풋이 기억하고 있는지도 모르겠다. 그 경로를 정확히 기억할 순 없지만, 당시 나와 친구들과의 대화에서 두 학생의 죽음이 화두가 된 적은 없었다는 것. 그때의 나와 같은 학생들이 그릇된 세계를 바꾸려 학교 밖으로 걸어 나왔음을 까맣게 모르고 지금껏 살았다는 것. 그것만큼은 명료하다.

무책임하지 않을 미래

(

2002년 6월 13일 경기도 양주시 광적면 56번 지방도에서 중학생 2명이 숨졌다. 미2사단 44공병대(캠프하우즈) 소속 미군 장갑차는 살아 걷고 있는 어린 존재 둘을 뒤에서 집어삼켰다. 같은 동네 친구 생일잔치에 가던 길. 신효순, 심미선은 인도가 없어 그 갓길을 지나쳐야만 친구 생일잔치에 갈 수 있었다. 끝내 가지 못한 친구 생일잔치. 미군 장갑차에 치여 밟힌 몸은 순식간에 온기를 잃었다. 여름 열기와 도로 위 먼지가 내려앉은 길은 핏자국이 선연했다.

    훈련 중에 일어난 단순 교통사고라고 보기엔 의문이 일 수밖에 없던 중학생의 비참한 죽음을 마주한 울림은 전국적으로 번져나갔다. 죄지은 이들은 하고 싶은 말만 했다. 좁은 도로 위에서 벌어진 일에 관한 책임은 희미해져 갔다.

    그들의 무성의하고 고압적인 태도는 뿌리 깊었다. 1992년 10월 주한미군 케네스 마클에 의해 윤금이 씨(26세)가 잔혹하게 사망한 사건을 계기로 조금씩 공론화되기 시작한 미군 범죄. 그 후 10년. 효순이 미선이 사건은 자라나는 어린 생명에게까지 뻗친 억울한 죽음을 향한 분노를 퍼 올리게 했다. 입을 떼려고만 해도 분해서 눈물이 쏟아지는 그 끔찍한 죄를 부르짖었다. 2002년, 그 해는 대한민국이 4강까지 올라 대부분 기쁨의 흥분에 휘감

겨 있던, 월드컵 열기가 들끓던 해였다.

대전은 2002년 6월 18일 서대전 시민 공원 월드컵 중계장소에서 미군 범죄를 알리기 위한 선전전을 시작했다. 6월 26일 '미군 장갑차 여중생 고 신효순, 심미선 살인사건 범국민대책위'를 결성한 뒤 7월 25일부터 범국민 서명운동을 펼쳤다. 그로부터 이틀 뒤 대전역에서 열린 '미군 장갑차 여중생 살인 만행 규탄 대전지역 범국민대회'엔 이천 명의 시민이 몰려들었다. 또래의 허망하고 억울한 죽음은 교복 입은 학생들도 일으켰다. 거리에 나온 울분에 찬 학생들을 다독이는 선생님 무리 속에 오완근, 그가 있었다. 그때의 모두는 당연했다고, 자연스러운 그 거리의 움직임을 기억한다고 지금 아득히 말하는 그가 그때 있었다.

"미군한테 요구했어요. 사과하라고. 당연한 요구를 한 거예요. 몇백만 서명운동도 너무 잘 되었어요. 대전역에서 이천 명 모였을 때, 전교조에서는 600명이 나왔어요. 학교에서 터치도 없었어요. 이전에 윤금이 씨 사건도 있었잖아요. 오죽하면 그런 소문까지 돌았겠어요. 지금은 범인이 잡혔지만, 미제였던 화성 연쇄살인 사건을 두고 미군이 범인 아니냐는 소문이 있었던 거예요. 미군 관련 온갖 루머가 있었어요. 어디에서 들었는지 학생들도 그런 말을 하고 다녔어요. 반미감정이 치솟던 때에요. 집회할 때마다 초가 많이 필요했어요. 워낙 많이 나왔으니까요. 사실 그때부터 촛불집회가 시작된 거예요. 그 이전에는 야간에 집회한 적이 없었어요. 물론 불법 집회라서 집회 신고자가 경찰 출두까지 해야 했죠."

C

'전국교직원노동조합'(이하 전교조) 조직이 그의 삶에 궤적을 그리기 시작하며 벌인 일은 효순이 미선이 관련 투쟁이 전부는 아니었다. 이후 10년간 전교조 통일위원장을 맡아 학교 내 통일 교육을 비롯해 통일 백일장 대회, 통일 마라톤 대회와 같은 평화 통일 운동을 교사의 위치에서 꾸준히 해왔다. 그가 전교조 통일위원장을 맡기 시작한 해인 2005년은 김대중 정부의 바통을 이어받은 노무현 정권이 한반도 평화 체제 구축에 정성을 다하던 시기이기도 했다.

"2005년에 전교조대전지부 통일위원장이 되면서 본부 회의를 하러 갔는데 타지역 6.15마라톤대회에 관한 이야기를 들었어요. 2000년 6.15남북공동선언이 가져다준 평화통일의 희망을 마라톤을 매개로 나누고 기억하자는 취지였어요. 타지역에서 시작하려 한다니 대전도 욕심이 나더라고요. 당장 시작하긴 힘든 상황이어서 1년간 준비해보자는 논의가 있었죠. 그렇게 마라톤을 1년 미루고 2005년에 학생들과 함께 통일 백일장 대회, 통일 사생 대회를 했어요. 그때 학생 작품이 300편 이상 들어왔어요. 관심이 높았어요. 놀라웠죠."

대전 통일 마라톤 대회는 2006년부터 2019년까지 총 12회에 걸쳐 진행했다. 지자체 지원 사업으로 자리 잡기까지 전교조를 비롯한 연대단체들은 사업 기금 마련을 위해 매년 고생했다. 지구력과 정신력이 상징인 마라톤 정신에 통일의 희망을 더한 대회에는 학생들뿐만 아니라 일반 참가자도 꽤 많았다. 이명박, 박근혜 정권을 거치면서 참가자 수가 줄어드는 어려움을 겪던 중 2회의 휴식을 하기도 했다.

"4.27판문점선언 덕에 마라톤이 재개된 거예요. 진짜 힘들었거든요. 지자체 지원 없을 때는 단체별로 돈을 모으고 후원받고 참가비 받아서 최소로 운영했었죠. 돈만 있어도 걱정은 없죠. 돈이 없으니까 사람이 힘들었어요. 마라톤 대회 한 번 치르고 나면 꽤 오랫동안 기진맥진했으니까요. 다들 힘들다는 말을 안 해서 그렇지 저뿐만 아니라 같이 고생한 모두가 그랬을 거예요."

☾

오완근 곁에는 항상 사람이 있었다. 누군가를 좋아해서 좇다 보면 그 사람과 닮아 있는 자신을 발견했다. 그 사람을 좋아해서 그 사람이 하는 일을 같이하다 보면 자신이 훌쩍 자라 있었다. 고등학생 시절 존경하던 국어 선생님이 전교조대전지부장이었고, 사범대를 다니며 교사의 꿈을 꾸던 시기에는 '충남대학교사범계열연합회'(충남대학교 사범대학 전신) 활동을 함께한 동지들이 있었다. 학생운동 시절부터 지금의 전교조까지, 그는 자신이 운동을 놓을 수 없는 이유는 결국 사람이라 말했다. 이젠 그를 닮아갈 제자들도 곁에 있다.

"제가 가르치고 있는 이 학생들이 움직였을 때 사회가 움직이더라고요. 2002년 효순이 미선이 사건, 2008년 광우병 사태, 그리고 박근혜 전 대통령 탄핵 시기에도 중·고등학생들의 움직임이 컸어요. 그렇게 학생들이 나서는 모습을 볼 때마다 교사로서 지녀야 할 사회적 책임을 절실히 느껴요."

절대적으로 나를 위한 책임만을 감당하며 살았던 대한민국 반쪽짜리 학생. 과거의 그 학생을 자꾸만 불러내는 교사를 만난 뒤 이 글을 쓰고 있는 지금, 그가 묵직하게 이고 있는 수만 킬로그램의 책임이 몇 그램 정도는 내게 얹힌 것일까. 부끄럽다는 말, 미안하다는 말도 속에 걸려 나오지 않는 걸 보니 말이다.

비단옷 입고 밤길 걸었네

홍성순

김용우   이성휘

김선건   이영복

최교진   유병규

김창근   심규상

김병국   한만승

박규용   임나리

         김율현

         오완근

# 비단옷 입고 밤길 걸었네

| | |
|---|---|
| 초판인쇄 | 2021년 4월 27일 |
| 지은이 | 권순지 |
| | E-mail: punk3405@hanmail.net |
| 디자인 | 신선아 |
| 펴낸곳 | ㈜통일뉴스 |
| 주소 | 서울특별시 종로구 새문안로5가길 3-10(당주동) 선덕빌딩 6층 |
| 홈페이지 | www.tongilnews.com |
| 전자우편 | tongil@tongilnews.com |
| 전화 | 02-6272-0182 |
| ISBN | 978-89-94771-09-0 |
| 값 | 12,800원 |